관계는 마음이다

네가 아닌, 내 마음으로부터 시작하는 관계 연습

관계는 마음이다

박성만(가나심리치료연구소장) 지음

Ć
추수밭

평생 무너지지 않을 인간관계 만들기

"저는 어떻게 하면 변화할 수 있을까요?"

　상담을 받으러 와서는 성급하게 이렇게 묻는 사람이 많습니다. 정작 그들은 10년, 20년씩 그 문제로 괴로워했는데도 말입니다.

　그런 분들에게 조급해하지 말고 천천히 나의 내면을 들여다보라, 그래야 근본적인 치유가 가능하다고 말해 주지만, 선뜻 받아들이지는 않는 눈치입니다. 오히려 못마땅한 표정을 짓는 분도 있습니다. 각종 매체에서 보고 들었거나 주변에서 주워들은, 단숨에 문제를 해결한 힐링 사례만을 듣고 싶은 것입니다. 하지만 일시적인 행동 변화는 오래 가지 않습니다. 머지않아 원점으로 돌아옵니다. 바로 마음의 변화가 없기 때문입니다. 이 사실을 깨달은 사람만이 변화를 체험합니다.

　학교생활에서, 직장에서, 가정에서, 연애에서, 이런저런 문제로 힘들어하는 사람들의 내면을 들여다보면, 그 문제들 대부분은 관계에서 만들어진 것을 알 수 있습니다. 지극히 개인적인 일로 보이는 문제조차도 탐색해 보면 관계를 피하였거나 관계 안에서 존재감을 찾지 못해 생긴 마음의 병입니다. 그들의 무의식 깊은 곳에서 간곡한 소리가 들려옵니다.

'저는 만족스러운 인간관계를 원합니다.'

인생은 관계입니다. 누구나 관계에 관한 책 한두 권쯤은 유익하게 읽었을 것입니다. 세미나에도 참여해 감동을 얻고, 인터넷에 떠돌아다니는 인기 강사의 '단박에 끝내는 인간관계 기술' 같은 동영상도 섭렵해 봅니다. 연습하고 실천합니다. 그러면 잠깐은 뭔가 변화가 일어나는 것 같습니다. 하지만 효과는 얼마 가지 않습니다. 다시 제자리입니다. 나는 왜 안 될까, 자기 비난을 합니다.

왜 그럴까요? 마음은 그대로 놔두고 기법만 주워 담았기 때문입니다. 관계란 너와 내가 만들어 내는 의미 있는 순환 작용입니다. 그러니 우선 내 마음을 알아야 너에게 줄 것이 있고, 너로부터 받을 것도 있습니다. 내 마음을 알면 편해지고, 내 마음이 편하면 관계도 덩달아 편해집니다. 반대로 마음은 잡초투성이인데 기법만 배우려 들면 깨질 수밖에 없는 관계만 되풀이하게 됩니다. 마음이 담기지 않은 기법에는 인간성이 낄 여지가 없어 어딘지 모르게 공허합니다.

마음으로 맺은 관계는 평생 가고, 기법으로 맺은 관계는 일시적입니다. 이제 내 마음으로부터 시작하는 관계 심리학을 들려드리려 합니다. 관계에 실패하였거나 더 좋은 관계 맺기를 원하시는 모든 분들에게 등대가 되어 드릴 것입니다.

차례

2장 너 – 나의 무의식 속 또 다른 나

3장 우리 – 가면 쓰기의 무한 변주

4장 관계 - 좋은 경험들이 모여서 만드는 기적

5장 변화 - 지금 당장 시작하는 관계 연습

1장 무의식

― 내 마음의 문을 여는 열쇠

소중한 것은
항상 숨어 있습니다

나만의 보물 지도 찾기

◎ **우리는 어떻게 희망의 노예가 되었나**

　동화나 민담에서 보물을 찾아 나서는 여행자 이야기는 흔합니다. 보물을 찾아야 하는 그는 삶의 위기 속에 있고, 해법은 보물에 있습니다. 그런데 보물을 찾아 떠나는 길에선 반드시 큰 벽에 부닥칩니다. 그는 포기하고 이전으로 돌아갈 것인가, 맞서 싸워 장벽을 넘을 것인가를 선택해야 합니다.

　하나의 장벽을 극복했다고 다른 어려움이 없는 것은 아닙니다. 길을 가면 갈수록 난관은 눈덩이처럼 불어나다가 어느 시점에 이르면 봄볕에 눈 녹듯이 사라집니다. 그 녹은 물은 보물이 있는 곳까지 여행자를 안전하게 안내합니다. 자기가 어찌할 수 없는 위기에 처해야 보물을 찾는 여행에 나서고, 보물은 물리적인 것 이상으로 자기를 성장시키는 어떤 것입니다.

인생의 중요한 법칙 하나, 좋은 것은 항상 숨겨져 있습니다. 둘, 숨겨져 있는 것은 누구에게나 열려 있으나 찾는 사람의 몫이 됩니다. 사람들은 본능적으로 힘든 것보다는 쉬운 것을 선택합니다. 고진감래, 이 말은 쉽게 살려는 사람들에게는 영원히 낯선 것, 힘들게 보물을 얻은 사람들의 사자성어입니다.

어떤 사람이 보물을 찾으러 길을 나섰습니다. 중도에 포기하고 싶은 유혹을 다 뿌리치고 드디어 원하는 보물을 얻었습니다. 고향으로 돌아온 그를 사람들은 부러워했습니다. 그래서 물었습니다.

"당신은 그 보물을 어디서 얻었습니까?"

그는 어디서부터 길을 나섰으며, 어떤 일들을 겪었고, 보물이 있던 장소까지 상세하게 알려 주었습니다. 선구자가 순례한 길을 공개하는 순간, 그의 말은 신탁이 되었습니다. 사람들은 그가 가르쳐 준 길을 따라갔습니다. 그런데 보물은 거기 있지 않았습니다. 왜냐고요? 보물은 이미 처음 사람이 가져갔기 때문입니다. 그러나 그들은 보물이 없다는 것을 받아들일 수 없었습니다. 보물 하나 건지려고 여기까지 힘들게 왔는데, 보물이 없다는 것은 있어서는 안 되는 일입니다. 그들은 다른 생각을 했습니다.

'보물이 없는 것이 아니야, 우리가 길을 잘못 들었을 뿐이야!'

그러면 보물은 있는 것이 되어 그들은 다시 희망을 가질 수 있고, 아직 보물을 찾지 못한 것은 각자의 무능으로 돌릴 수 있습니다. 부지런히 능력을 키워 언젠가는 선구자처럼 보물을 손에 넣을 수 있다는 희망을 가질 수 있으니 다행이라 할 것입니다.

그로부터 100년 후, 사람들은 선구자가 보물을 찾았던 길을 개념화했습니다. 선구자가 보물을 찾았던 그 길만이 유일한 길이 되었고, 다른 길은 모두 길이 아닌 게 되었습니다. 그렇다 보니 선구자가 얻은 보물만 보물이고 다른 보물은 다 보물이 아닌 것이 되어 버렸습니다. 보물은 찾는 사람에 따라 다르고 길도 다양한데 다양성을 주장하는 것은 매우 위험한 생각으로 간주된 것입니다.

사람들은 하나의 길, 하나의 보물로 개념화했고 그것이 그들에게 상당한 안정감을 주었습니다. 그들은 모두 하나의 길, 하나의 보물을 찾으러 가는 공동체로서 강한 연대 의식을 가졌기 때문입니다. 오래전에 길을 찾아 사람들에게 소개한 선구자가 알면 웃을 일입니다. 그도 평범한 사람 중 하나인데, 사람들은 그를 이상화해 신주 모시듯 했으니 말입니다.

그로부터 100년의 세월이 또 흘렀습니다. 어떤 일이 일어났을까요? 선구자가 걸은 길은 신화가 되었고, 그가 얻은 보물은 신의 것이 되었습니다. 보통 사람들은 걸을 수 없는 길을 선구자가 걸었고, 얻을 수 없는 보물을 선구자가 얻었습니다. 이제 보물은 더 이상 사람의 것이 아니었습니다.

이는 보물을 추구하고 그래야만 사는 사람들을 매우 불안하게 만들었습니다. 뭔가 대안이 필요했습니다. 대안은 누가 먼저 외친 것도 아닌데 세월의 흐름과 함께 공동체 안에서 자연스럽게 만들어졌습니다. 한 명이 아닌 모두가 연대해 시간의 흐름 속에서 만들어진 것이기에 종교적 신념처럼 되었습니다.

뭘까요? 선구자가 걸어간 길 자체를 보물로 하는 것입니다. 그 길에 발을 들여놓으면 그 자체가 보물이라는 단합은 불안한 인간 실존을 훨씬 편안하게 해 주었습니다. 그러나 보물이 아닌 것을 보물로 간주하고, 진짜 보물을 찾으려는 노력을 포기한 꼴이 되었습니다. 자기를 잃어 노예가 된 우스꽝스러운 모습입니다. 선구자가 알면 손사래를 칠 일이지만 그는 이미 세상을 떠났습니다.

◎ **누구의 보물 지도를 따라갈 것인가?**

각자의 보물 지도는 각자의 무의식에 보관되어 있습니다. 각자의 지도가 다르듯 각자의 보물도 다 다릅니다. 한 개인이 가진 지도나 보물은 사람 수만큼 다양합니다. 선구자란 공동체가 이상화한 하나의 길과 보물에서 벗어나 자기 지도를 따라 자기 보물을 얻은 사람입니다.

각자의 보물을 얻으려는 사람이 주의할 것이 있습니다. 집단 의식은 개인을 그 집단으로 끌어들여 흡수하려 합니다. 집단생활을 하는 인간으로서 그 집단을 빠져나와 유아독존할 수는 없지만, 그렇다고 흡수되어서는 안 됩니다. 내 길과 집단의식 사이엔 긴장과 경계가 있습니다. 그 갈등을 견디기 힘들어 나를 포기하고 집단에 맞추거나 집단을 떠나 나에게만 맞추는 극단을 선택할 수도 있으나 둘 다 현명한 방법은 아닙니다.

어떻게 해야 할까요? 우선 집단 안에 있는 나, 그리고 나와 집단은 항상 갈등 관계에 있다는 것을 인정해야 합니다. 갈등은 바로 당신이 살아 있다는 증거입니다. 갈등은 인정한다 해도 여전히 존재합니다. 그러나 그 갈등이 정신 에너지의 낙차가 되어 당신의 보물을 발견하게 해 줍니다. 사람들은 이 땅에서 결코 이룰 수 없는, 이루어서도 안 될 내적 평안을 원합니다. 그것은 불가능하지만, 만일 가능하다면 그는 정신 에너지가 제로가 되어 신체만 살아 있는 식물인간이 되어 버립니다. 갈등이 두려워 자기를 포기하는 것보다 어느 정도 손실이 있더라도 갈등을 무릅쓰고 자기의 길을 찾아 자기 보물을 찾아 나서는 것이 훗날 당신의 삶을 더 귀하게 합니다.

우리는 매일 선택을 강요받습니다. 집단이 합의한 안전한 길로 갈 것인가? 아니면 자기의 길을 갈 것인가? 이 선택은 집단 안에서 행해지기 때문에 집단 안의 나지만, 또한 자기 길을 가기에 집단 밖의 나이기도 합니다.

여기 시인이 되고 싶은 사람이 있습니다. 하지만 그는 환경에 의해 또한 자기의 의지적 선택에 의해 사업을 시작했고 성공을 이뤘습니다. 그는 이미 사업으로 인맥과 조직을 형성했고 시인이 되기 위해서는 거기에 투입된 에너지를 거둬들여야 합니다. 본래의 꿈인 시인과, 필요에 의해 선택한 사업 사이에서 그의 갈등이 노골화됩니다. 그대로 사업에 매진하자니 외적 안정감은 있겠지만 자기 삶을 사는 게 아니어서 내적 괴로움이 있고, 그렇다고 그 나이에 사업을 접고 시인으로 나서는 것도 위험천만한 모험입니다.

둘 중 어느 한 쪽을 포기하면 반쪽짜리 인생이 되어 불만족과 공허감에서 벗어나지 못합니다. 양자의 욕구를 인정한다면, 그 갈등이 에너지가 되어 그는 반드시 시를 씁니다. 그의 시는 전문 시인의 시와는 다르겠지만, 사업에서 얻을 수 없었던 상당한 만족을 줍니다. 집단은 그가 사업에 더 박차를 가해 거기서 보물을 얻는 것이 옳다고 하겠지만, 그의 진정한 보물은 시를 쓰면서 얻는 내적 만족입니다.

이 보물이 클수록 그의 에너지는 사업에서 시로 서서히 이동합니다. 그렇다고 사업을 포기하는 것은 아닙니다. 때가 되면 사업은 더 훌륭한 대리인을 통해서도 할 수 있습니다. 그런 결단이 있는 사람이 인재도 키우고 자기 보물도 건지는 일석이조의 일을 합니다.

정년퇴임을 5년 정도 남긴 분이 계셨습니다. 그분은 장기 휴가를 냈고, 그 기간에 그동안 하고 싶었으나 하지 못했던 일들을 했습니다. 회갑을 넘긴 그분은 새로운 일들에서 이전에 경험하지 못한 생동감을 얻었습니다. 휴가를 마치고 직장으로 복귀했지만 예전처럼 일이 손에 잡히지 않고, 의미도 찾을 수 없었습니다. 조기 은퇴하면 경제적 손실이야 있겠지만, 그렇다고 노후 대책이 없는 것은 아닙니다. 지금부터 조금 적게 쓰더라도 더 나이 들기 전에 자유롭게 자기 내면의 소리를 듣고 행하기로 마음먹고 조기 은퇴를 결정했습니다. 집단의 합의된 단합을 포기하고 자기의 소리를 따른 겁니다.

30여 년 동안 일해 온 그분이 자기의 낯선 소리를 들은 것인지, 이전 일의 연장인 집단의 소리를 들은 것인지는 아직 잘 모릅니다. 그러나 그분의 자기는 잘 압니다. 인생길에서 가지 않은 길에 대한 아쉬움은 항상 있는 법. 그러나 자기의 지도를 따라 자기 보물을 찾아 직업을 선택한 사람일수록 후회를 적게 하게 됩니다.

◎ **용기 있는 자가 보물을 얻는다**

집단의 압력으로부터 자유로울 수 없는 인간이 각자의 지도로, 각자의 보물만 찾아 나서는 일은 용기가 필요합니다. 안정을 위해 집단이 추구하는 보물만 따라가는 것은 자기의 보물을 포기하는 것과 다름없습니다. 각자의 무의식 지도에 숨어 있는 보물은 인생에서 중요한 시기에 제 존재를 알아달라고 대대적인 소동을 피웁니다. 이 소동은 용기 있는 반란이어서 자기실현의 기회를 제공합니다. 일종의 소명으로서 강력한 메시지를 담고 자기를 유혹합니다. 본래 나에게 있었던 것이지만, 그동안은 다른 곳에서 들려오는 소리였습니다.

그 음성을 외면하지 말고, 조용히 경청하세요. 거기에 자기가 있습니다. 그 길로 가는 데 가장 큰 방해는 당신이 속한 집단의 합리적인 변명입니다. 합리를 넘어서야 비합리적 직관의 세계에 이를 수 있습니다. 또한 그 음성은 감미롭지만, 가는 길에는 수많은 위험이 도사리고 있다는 점을 명심하세요. 그러나 그런 위험쯤은 보물에 대한 사랑으로 충분히 이겨낼 수 있습니다.

보물 지도는 바로 당신의 자기 안에 숨어 있습니다.

떠났다가도
돌아와야 합니다

나의 내면을 만나는 법

◎ **에펠탑에서 책읽기의 괴로움**

프랑스에 대한 로망을 간직한 대학생이 있었습니다. 그는 프랑스 파리에 있는 에펠탑 주변의 잔디밭에 앉아 해가 지기 전까지 책을 읽고 싶었습니다. 잡동사니로 어지럽혀진 자기 방에서 보는 것과는 품격이 다르고 깨닫는 것도 훨씬 많을 것이라 생각했습니다.

드디어 그는 파리로 배낭여행 갈 기회를 얻었습니다. 부푼 마음으로 파리에 도착한 첫날, 책 한 권을 끼고 에펠탑으로 갔습니다. 탑 주변 잔디밭에는 앉아 있는 사람이 많았습니다. 그는 손수건을 펴고 그동안 꿈꿔 오던 것을 하려니 가슴이 뛰었습니다.

그러나 낯선 곳이고, 관광객들로 북적거리고 시끄러워 집중이 안 되었습니다. 그는 한 시간쯤 책을 읽다가 도무지 글이 눈에 들어오지 않아 일어섰습니다. 그는 '에펠탑에서 독서하는 것과 어지럽혀진 자기 방에서 독서하는 게 다르지 않다'는 것을 깨달았습니다.

그가 파리 곳곳을 뒤지며 얻은 더 큰 깨달음은 '사람 사는 곳은 별반 다르지 않다'는 것이었습니다. 파리에 특별한 예술성이 있다 해도 그것은 현실과 동떨어진 게 아니었습니다. 너무 많이 기대했기 때문이었을까? 그는 실망을 통해 인생과 세상에 대한 새로운 통찰을 얻었습니다. 꿈에 그리던 어떤 곳도 충분히 즐기고 나면 그곳은 더 이상 꿈의 장소가 아닙니다. 여행은 나를 떠나 다시 나에게로 돌아오게 합니다.

여행자는 자기 정신세계를 떠나 새로운 외적 경험을 한 후 다시 내면세계로 돌아옵니다. 여행지에서 받는 감동은 사람마다 다릅니다. 내가 감탄한다고 해서 다른 사람도 감탄하는 것은 아닙니다. 내가 실망한다 해서 다른 사람도 실망하는 것은 아닙니다. 인간은 각자의 무의식에 있는 것을 통해 외적인 것을 경험하는데, 무의식은 각기 다양한 내용들로 구성되어 있기 때문입니다. 처음 보는 경관이지만 전에 많이 본 것 같거나 매우 친숙하게 느껴지는 것은 무의식의 어떤 것이 그곳에 투사되기 때문입니다. 그가 전혀 경험하지 않아 무의식에 없는 낯선 것이라면 투사하지도 않습니다. 그러면 어떤 감동도 불러일으키지 못합니다.

◎ 나를 깨닫는 만큼만 감동한다

여행의 유익은 아직 의식화되지 않은 무의식의 어떤 것들이 처음으로 보고 듣는 새로운 상징들을 통해 의식화된다는 점입니다.

젊어서 여행을 많이 다니는 것은 내면세계의 확장을 위해 필요합니다. 반면 나이 들어 하는 여행은 비록 새로운 것이지만 새로울 게 별로 없다고 느낍니다. 인간의 문화란 무의식이 반영된 것이어서 내용과 형식은 다를지라도 원형은 동일하기 때문입니다. 인생에서 많은 경험을 한 그에게 여행의 즐거움은 내 안에 있는 것을 확인하는 정도입니다. 젊은 사람이 이집트에서 피라미드를 보았다면 당시의 과학 수준에 놀랍니다. 새로운 경험은 그의 내면세계를 확장합니다. 반면 나이 든 사람은 수많은 노예를 동원해 영원한 안식처를 얻고 싶었던 이집트 파라오의 욕망을 봅니다.

여행을 하면 결국 나에게서 떠나 나에게로 돌아오게 마련입니다. 여행에서 돌아온 후에도 그 광경을 잊지 못해 그리워한다면, 그 광경을 통한 내면화 작업을 하지 못했기 때문입니다. 내면화 작업은 의식과 무의식의 자연스러운 순환입니다. 이 순환의 맥이 어디선가 막혀 흐름이 중단되면 성장도 멈춥니다.

북한산 능선을 둘러싸고 있는 산성은 등산객을 옛 세계로 초대하기에 충분합니다. 그곳은 군사적 요충지여서 삼국시대부터 성을 쌓았다고 합니다. 전쟁의 목적은 자국의 이익을 위해서이고, 자국의 이익은 잘 먹고 잘사는 것입니다. 잘 먹고 잘살기 위해서는 피를 흘리며 싸워야 하는 게 현실입니다.

21세기 전쟁도 그와 다르지 않습니다. 산성은 전쟁으로 고대와 현대를 연결합니다. 저는 산성을 보면서 고대인들이 전쟁으로 기대했던 인간의 욕망과 좌절, 희망과 두려움을 봅니다. 그들의 욕망과 좌절, 희망과 두려움은 현대인의 그것과 다르지 않은 바로 나의 것이기도 합니다. 돌 하나의 상상력으로 고향에 가족을 두고 온 늙은 병사의 꿈과 절망을 연상할 수 있습니다. 여행은 외적인 것을 통해 내적 순환을 일으켜야 합니다. 곧 자기로 돌아와야 자기를 성장시킵니다.

◎ **나의 내면과 만나는 방법**

굳이 외부 여행을 하지 않아도 마치 한 것 같은 경험을 얻는 방법으로 자유연상이 있습니다. 명상이 마음의 여행이라면, 자유연상은 마음의 것을 말로 하는 객관화 과정을 거치는 것으

심리 치료 기법입니다. 자유연상을 통해 의식과 무의식은 순환합니다. 혹여 막힌 곳이 있다면 자유연상으로 뚫립니다. 감기가 기를 통함으로써 치료된다면, 마음의 감기는 의식과 무의식의 순환 통로를 뚫음으로써 치유됩니다. 그러기 위해 자유롭게 말하는 것을 들어 줄 대상이 필요합니다.

심리 치료는 치료자가 그 역할을 합니다. 심리 치료가 아니어도, 만일 당신이 마음이 통하는 어떤 사람과 대화를 한다면 둘은 시간 가는 줄 모를 것이고, 함께 어디를 여행하고 있다는 느낌을 받을 겁니다. 둘은 의식과 무의식의 여행길을 함께 걷고 있는 중입니다. 만일 당신이 마음이 맞는 사람과 함께 여행을 한다면, 내면의 여행은 더욱 깊어집니다. 여행은 깊어질수록 정화되고, 세상에 대한 새로운 통찰을 얻습니다.

당신이 여행을 할 수 없다면, 이야기를 들어 줄 친구가 없다면 자유연상으로 여행을 떠나 보세요. 두 개의 편안한 의자를 준비해 마주 놓습니다. 당신은 가장 편안 자세로 한쪽 의자에 앉습니다. 그리고 맞은편 의자는 빈 의자로 놔두고 당신에게 가장 편한 사람을 상상으로 초대합니다. 그의 표정, 음색, 자세, 성격 등을 상상합니다. 그는 당신이 어떤 말을 하든 비판하지 않고 들어 줄 준비가 돼 있습니다.

자, 이제 당신은 작은 목소리로 마음속의 생각들을 말하는 겁니다. 인내심이 필요합니다. 이야기가 깊어질수록 맞은편 상상

속의 친구는 실제 인물로 나타납니다. 당신의 마음은 편안해집니다. 당신은 존재의 내면으로 여행을 하고 있는 겁니다. 당신은 자가 치유를 경험합니다.

내면으로의 여행, 결국 자기에게 돌아오는 여행으로 매우 유익합니다.

나는 꿈속에서도
욕망합니다

꿈, 무의식으로 들어가는 창

◎ 킹콩이 구해 주겠지

그는 요즈음 생각이 많아졌습니다. 잘되고 있는 프랜차이즈 요식업을 확장해야 하는데, 들려오는 소리는 좋지 않은 경기를 핑계로 부정적입니다. 그가 판단하기에는 지금이 적기인데 말입니다. 경기가 안 좋다고 모든 사업이 망하는 것은 아니고, 경기가 좋다고 모든 사업이 잘되는 것도 아니라는 것쯤은 그도 잘 알고 있습니다. 그러나 나이 50대 중반에 새로운 일을 저지르는 것은 부담이 됩니다. '하느냐 마느냐? 한다면 오히려 경기가 안 좋다는 지금이 적기인데?' 하고 망설였습니다.

이럴 때 예지 능력을 가진 외부의 처방을 받는다면 얼마나 좋을까요. 이때 그가 꾼 꿈입니다.

거대한 서커스단이 마을을 찾았습니다. 커다란 킹콩이 유리벽에 갇혀 있었습니다. 그 앞에서 작은 원숭이가 장난을 칩니다. 조금 있으면 킹콩은 유리벽을 깨뜨리고 나와 관중들을 위협할 것입니다. 하지만 이런 상황은 기획된 것이기에 사람들에게는 피해가 안 갑니다. 어쩌면 킹콩도 인공물일지 모릅니다.

그는 모험을 즐기고 싶은 충동이 생겨 킹콩이 자기를 해하려고 쫓아오는 상황을 가상해 도망을 갔습니다. 앞에는 설악산 울산바위 같은 것이 있었는데, 그는 맨손으로 바위를 움켜잡고 올라갔습니다. 중턱쯤 오르자 더 이상 오르기 힘들었고, 그렇다고 내려오는 일도 불가능했습니다. 그는 돌부리를 잡고 대롱대롱 매달린 꼴이 되었습니다. 누군가가 도와주지 않으면 아래로 떨어져 죽을 판입니다. 킹콩은 나를 공격하러 달려옵니다. 거리가 가까워집니다. 그런데 그렇게 불안하지 않았습니다. 조금 있으면 킹콩이 나를 구조할 것이기 때문입니다.

◎ **미신적 꿈과 과학적 꿈**

갈팡질팡 망설일 때 꿈을 믿고 선뜻 결정을 내리는 것, 미신을 믿는 것이 되어 위험할 수 있습니다. 더군다나 그 결정이 미래의 중요한 결과와 직결되는 것이라면 더욱 그렇습니다. 하지만 때때로 꿈은 합리적인 것 이상을 말해 줍니다. 꿈을 꾸고 나서 복권을 구입해 당첨되었다는 말을 흔하게 듣습니다.

대부분의 사람들은 꿈을 예지의 관점에서 해석하려는 유혹을 가집니다. 맞아떨어지는 경우도 전혀 없다고 할 수 없습니다. 꿈에서 뭔가를 기대하려는 사람들은 이성과 제 능력만으로는 해결할 수 없는 갈급한 문제를 가졌기 때문입니다. '지금의 나로서는 어떤 현명한 결정도 내릴 수 없어. 무엇이 현명한 결정인지 분별할 수 없을 정도로 애매한 상황이야.' 그래서 나를 초월한 어떤 힘에 기대고 싶어집니다.

그때 꿈에서 정답은 아닐지라도 최소한의 안내를 기대합니다. 인간의 불안은 필연적이고, 그렇기 때문에 고대부터 지금까지 꿈을 신비하고 예언적인 관점에서 해석하려는 기법들이 발달했습니다. 주변에는 꿈을 잘 꾸어 큰 덕을 본 사람들도 있습니다. 그러나 그것이 사실이라 할지라도 그것은 매우 드문 일입니다. 고로 꿈을 무조건 예지로 믿고 따르는 것은 매우 위험한 일입니다.

심리학적 꿈 분석은 임상을 토대로 체계화된 것으로서 안전한 안내를 합니다. 심리학은 꿈을 무의식의 산물로 보고 해석해 의식이 외면한 무의식의 소리를 밝힙니다. 무의식은 의식에 비해 엄청난 보고입니다. 잠재력의 저장소입니다. 합리적이고 논리적인 것을 넘어 인생에 영향을 미칠 만한 의미소를 가지고 있습니다. 의식은 무의식의 프로그램을 알 수 없습니다. 무의식은 제 프로그램을 의식에게 알리는 최적의 방법으로 꿈을 사용합니다.

인간의 무의식은 태고의 신비를 간직한 보고입니다. 개인 무의식을 넘어 인류가 집단적으로 체험해 유전적으로 계승한 정신 요소를 원형(archetype)이라고 합니다. 원형은 인간의 정신적, 물리적 삶의 원천으로서 많은 에너지를 가지고 있습니다. 인생의 중요한 전환기마다 원형은 상징으로 꿈에 자주 등장해 의사 표현을 합니다. 그것은 당신이 성장할 가능성과 힘이 있음을 보여 줍니다. 당신의 자아가 확신이 없어 갈팡질팡할 때 원형은 당신을 넘어설 힘이 무의식 속에 있음을 상징으로 보여 줍니다. 무의식을 잘 들여다보면 길이 보이고, 그 길을 걷도록 돕는 반려자도 만납니다. 모험을 두려워하지 말라고 당신을 다독입니다.

어떤 선택을 할지는 꿈에서 깬 그의 자아가 결정합니다. 무의식의 원형이 보여 주는 꿈은 강제성을 가지고 있진 않지만, 강한 정동(情動, 일시적으로 급격히 일어나는 감정)을 가져 선택에 영향을 줍니다. 꿈이나 살피는 것이 비과학적인 것처럼 보일 수도 있으나, 꿈의 비과학적 요소는 여전히 인류가 사용할 중요한 자원입니다.

◎ 무의식이 꿈을 통해 말해 주는 것

그의 꿈에서 위험한 가상의 상황은 그가 아무런 결정을 내리지 않아 잠재적으로만 존재하는 위험을 말합니다. 우리는 인생에서 중요한 시기에 이르기 마련이고, 그때는 이전과는 다른 큰 결정을 해야 합니다. 그것은 일종의 모험입니다. 자기실현의 길목마다 반갑지 않은 모험이 도사리고 있습니다.

모험에는 위험이 있습니다. 만일 우리가 어떤 선택도 내리지 않는다면 위험은 멀리 달아납니다. 대신 우리의 인생은 더 넓은 곳으로 나가지 못합니다. 그가 꿈속에서 가상의 상황을 실제 상황으로 바꾼 것은 더 큰 세계로 진입하기 위해 어떤 결정을 내린 것입니다. 그 결정에 따라 울산바위 같은 험한 암벽을 맨손으로 오른 모험은 이미 그의 무의식에 그런 힘이 있음을 꿈의 상징을 통해 보여 주고 있는 겁니다. 모험에는 위험이 뒤따릅니다. 그는 울산바위에 매달려 추락할지 모릅니다. 이제 자력으론 구조가 불가능합니다.

그런데 의외로 그 두렵고 위험한 킹콩이 그를 지원하는 우군으로 바뀝니다. 꿈에 나타난 킹콩은 인간이 오늘날처럼 세련되게 발달하기 이전의 원시인 모습과 같습니다. 이 낯선 짐승은 길들이기 전에는 인간에게 두려운 야수지만, 잘만 길들이면 충분히 인간에게 유익한 짐승으로 바뀌는, 그래서 사람과 가장 근접

한 동물입니다. 킹콩을 인간의 조상으로 볼 수는 없지만, 원시시대의 단순 우직하고 용기 있는 원형으로서 인간의 모습을 보여주고 있습니다. 킹콩은 그의 무의식에서 그의 거친 모험을 돕는 원형으로서의 힘입니다.

킹콩이 갇혀 있다는 것은 그가 오랫동안 킹콩의 힘이 두려워 사용하지 못했다는 것을 의미합니다. 억압된 무의식의 킹콩은 인간에게 해를 입히는 야수입니다. 그러나 적당히 억압에서 풀려나게 해서 화해를 하면 킹콩은 그의 도우미가 됩니다. 바위에 대롱대롱 매달려 있어도 킹콩이 받쳐 줄 것이기 때문에 걱정이 없습니다. 새로운 일을 하다가 실패해도 다시 킹콩의 힘을 사용하면 되니 걱정하지 말라는 무의식의 신호입니다. 즉, 그는 킹콩의 힘을 빌려야 할 만큼 인생의 중요 전환점에 서 있습니다. 단순히 요식업을 확장하는 문제가 아닙니다.

그는 모험을 기피하는 특유의 꼼꼼함과 세심함으로 사업을 일구어 걱정 없이 먹고살 정도는 되었습니다. 가급적 모험을 피하는 것, 무리하지 않는 것, 자기 방어를 우선으로 하는 협소한 활동 영역, 이것들은 그의 삶의 원칙이고 성실성의 근거입니다. 그 원리는 인간관계와 자녀교육 방식에 적용되었습니다. 나이가 더 들면 틀림없이 꼬장꼬장한 좁쌀 영감이 될 겁니다.

그의 무의식은 그에게 변화의 기회를 줍니다. 그것은 그의 의식과는 다른 무의식의 소리입니다. 그가 무의식에 억압한 모험,

험한 산봉우리, 킹콩 등 강한 정동을 가진 상징들이 제 존재를 알아달라고 꿈을 빌려 꿈틀거리고 있습니다.

◎ **꿈의 목소리에 귀를 기울여라**

지금 그에게 필요한 것은 좁쌀 영감과 반대되는 돈키호테 정신입니다. 관중석에 가만히 앉아 가상의 킹콩 드라마를 즐길 것이 아니라 모험에 참여하라고 초청합니다. 지금까지 그의 삶이 정교하게 잘 다듬어진 대리석이라면, 지금부터는 다듬어지지 않은 자연 그대로의 거친 울산바위여야 합니다. 그리고 그곳을 맨손으로 올라야 합니다. 그의 의식에서는 상상할 수 없는 일을 무의식의 자기는 하라고 합니다.

그렇다면 다소 위험 요인이 있는 사업 확장을 꼭 시작해야 하나? 그럴 수도 있습니다. 사업 확장은 돈벌이의 확장만이 아닌 관계의 확장, 새로운 세계의 경험, 그리고 자아의 재발견 등 인간의 보편적 성장 욕구를 자극할 겁니다. 그는 외부의 일을 통해 내면의 자기를 재발견하고 만나야 합니다. 새로운 경험들은 그를 변화시킬 것입니다. 그러나 그 일을 꼭 하지 않더라도, 그런 정신을 가지고 생의 후반을 살 수도 있습니다.

한 가지 방식만 고집해 온 그의 삶에 대대적인 수술을 가할 때가 왔습니다. 내적인 변화를 위해 외적 자극은 필수입니다. 외적 자극은 마치 소명처럼 잔잔한 마음의 호수를 흔들어 깨웁니다. 걱정할 것 없습니다. 그가 본래부터 가지고 있던 킹콩이 그를 도울 것이기 때문입니다. 이처럼 자기는 꿈속에서도 말합니다.

꿈의 소리를 잘 활용하는 것, 그것은 비용을 안 들이고 삶의 자원을 확장시키는 비법입니다.

마음 에너지도
+극과 −극이 있습니다

내 마음속 장단점 수용하기

◎ **걱정투성이 세상사**

변하지 않는 인생 법칙 하나, "이젠 되었다" 하고 마음을 내려놓으면 걱정거리가 현관문을 두드립니다. 세상은 사람의 마음이 평온한 걸 시기합니다.

지나친 교육 열기의 한국사회에서 내 자식을 뒤처지게 할 수 없어 어떻게든 좋은 대학에 입학시켜 놓았습니다. "이젠 되었다" 하겠지만 그럴까요? 자식은 초·중·고등학교 12년의 수고를 풀려고 대학을 놀이터로 생각하고 공부를 안 합니다. '낙타가 바늘귀로 들어가는 것만큼 취업하기 힘든 때에 저래 가지고 취업을 하겠어?' 부모는 걱정이 앞섭니다.

다행히도 아들은 군대를 제대하고 나서 정신을 차려 열심히 공부해 남들이 부러워하는 좋은 직장에 취업했습니다. 그런데 회사 안에서의 인간관계가 원만하지 않아 계속 다니느냐, 때려치우고 다른 일을 하느냐로 고민합니다. 부모는 언제나 자식보다 두 배의 걱정을 합니다.

결혼을 했습니다. 그러면 되겠지 하겠지만, 자식 농사란 가을철에 추수해 열매를 거두는 것이 아니라 평생 하는 것 아닙니까. 그때 깨달은 것이 '어차피 자식은 애물단지'입니다.

이래도 저래도 풀리지 않는 수수께끼는 한 발 뒤로 물러나 확실하지 않은 애매한 상태를 관조하는 겁니다. 문제가 풀리는 것이 아니라 문제에 집착한 내가 풀려야 합니다.

세상 다반사 애매합니다. 민주주의 1등 공신들이 정권을 잡으면 부정부패가 없어질 거라 생각합니다. 하지만 어려움은 함께 나누어도 복은 함께 나눌 수 없고, 전쟁은 함께 치러도 전리품은 함께 나눌 수 없는 법. 그 깨끗하던 정치인도 이전 정치인들과 다르지 않게 국민의 기대를 저버리는 일이 비일비재합니다. 비리를 저지른 그들보다 그들을 과신한 사람이 풀어야 할 문제입니다. 세상은 늘 그래 왔는데 우린 자기도 못하는 영웅상을 타인에게 투사하고 좋아도 하고 싫어도 합니다. 다 마음의 장난입니다.

◎ 마음의 양극화 현상

원시인이 농사짓는 기술을 개발했습니다. 남자들은 위험을 무릅쓰고 야생동물을 사냥하지 않아도 되었고, 곡식을 저장해 먹고살게 되었습니다. 그런데 그 문명의 틈을 비집고 나쁜 것이 들어옵니다. 농사지을 영토를 확보하기 위한 부족 간의 전쟁이 일어나고, 수확이 많고 적음에 따라 소득의 불균형이 발생해 이웃 간에 경계심이 생깁니다. 생존의 문제는 해결되었는데, 그로 인해 관계가 손상되고 말았습니다.

문명화될수록 개인 혹은 국가 간에는 더 첨예한 긴장과 갈등이 존재합니다. 부익부 빈익빈은 문명의 발달 과정에서 나타나는 필요악과 같은 현상입니다. 정부는 최소한의 권력을 사용해 양극을 조절해야 합니다. 그런데 정부가 최대한의 권력을 사용해 양극화를 조장한다면 비극이 아닐 수 없습니다.

한 개인의 성격도 양극이 있습니다. 발달은 양극을 통합하는 것입니다. 통합이란 좋은 것은 취하고 나쁜 것은 버리는 것이 아니라, 한 인격 안에 좋고 나쁜 대극이 있음을 인정하고 받아들이는 겁니다.

대학생들을 대상으로 각자의 성격 중 장점 3개와 단점 3개를 그림으로 그리게 했습니다. 그리고 장점 중 가장 자랑하고 싶은 것 하나, 단점 중 가장 고치고 싶은 것 하나를 선택하게 했습니다.

　놀랍게도 하나의 장점과 하나의 단점은 서로 반대되는 것들이었습니다. 가령 가장 좋은 장점이 따뜻한 마음이라면 가장 고치고 싶은 단점은 이기주의였습니다. 그리고 하나같이 단점을 고쳐 나가겠다고 합니다. 글쎄요. 고쳐질까요? 만일 고칠 수 있다면 그것이 성장에 도움이 될까요?

◎ 마음 에너지는 한정되어 있다

　나르시시즘이 있어야 하는 10~20대가 단점을 고치는 일은 특히 쉽지 않습니다. 인간의 심리 에너지는 한정되어 있기 때문입니다. 단점을 고치려고 노력하면 그만큼 장점으로 갈 에너지가 소모됩니다. 단점 교정은 노력한 만큼 되지 않고, 타고난 장점도 활용하지 못하는 꼴이 됩니다. 따라서 젊어서는 단점을 고치려는 노력보다도 장점을 키우는 데 역점을 두어야 합니다. 그러면 단점으로 향하는 에너지가 줄어들어 단점이 덜 활성화될 것이고 장점은 더욱 살아납니다.

　당신의 단점을 떠올려 보세요. 잘 고쳐지던가요? 대개는 평생 가지고 가거나 강도가 줄어드는 정도입니다. 그렇다고 나쁜 그것을 좋은 것처럼 착각하고 살자는 건 아닙니다. 단점은 인격의 문제가 아니고, 고치는 것만이 능사도 아닙니다. 그 반대의 것을 키워 보세요. 따뜻한 마음을 키우면 이기주의는 줄어듭니다. 또한 이기주의는 유기체의 생존 본능으로서 없어서는 안 됩니다. 강물에 수차를 만들어 전기를 생산하는 것처럼, 단점과 장점의 낙차로 에너지가 생겨 당신이 사는 겁니다.

단점에 주의를 집중하는 마음의 과정은 이렇습니다. 처음에는 나쁜 것이니 고쳐야 합니다. 물론 잘 안 됩니다. 잘된다 하더라도 더 완벽하게 고치겠다는 완벽주의가 작동하고, 완벽주의는 철벽주의가 되어 100% 실패합니다. 따라오는 것은 '나는 왜 이럴까' 하는 자기 비난입니다. 자기 비난은 다른 대상에게 투사되어 타인을 비난합니다.

비난은 계속되어 증오로 바뀝니다. 자기를 증오하는 사람은 그 감정이 투사되어 타인도 증오합니다. 잔인한 범죄자들은 자기 증오가 타인 증오로 방향을 바꾼 겁니다. 사이코패스라며 미성년자 성폭력 범죄자들의 성장사가 언론에 공개된 것을 보면 그들은 모두 불행한 어린 시절을 보냈습니다. 칭찬과 배려보다는 비난과 증오를 받았습니다. 어린 시절부터 내면화된 비난과 증오는 타인과 세상으로 발산되면서 범행을 저지릅니다.

죄는 미워하되 사람을 미워하지 말라는 성경 말씀은 죄와 사람을 구별하는 겁니다. 분석심리학에서도 악은 존재로 보는 것이 아니라 그림자의 투사로 봅니다. 사소한 단점이 자라서 비난과 증오, 성격장애, 정신병리, 잔인한 범죄로까지 퍼집니다. 단점이 아닌 장점에 에너지를 모으는 일은 장점을 키우고 단점의 극단적 확산을 막습니다.

◎ 단점은 두고 장점에 집중하라

누구나 제 자식의 자존감이 크기를 원합니다. 그래서 어린 자식을 닦달합니다. "넌 왜 이웃집 ○○○와 같지 않니?" 그렇게 말하는 것은 아이에게 채찍을 가해 더 나은 아이로 만들려는 좋은 의도입니다. 하지만 그럴수록 아이는 자기 단점에 더 민감하게 되고 자존감은 떨어집니다.

아이의 자존감은 부모의 교육이 아니라 부모와의 친밀도에 비례한다는 것은 심리학 상식입니다. 한 마디 비난이 열 마디 인정을 무색하게 합니다. 다시 이전 상태로 회복시키려면 많은 노력과 시간이 필요합니다. 우리 집 아이가 이웃 집 아이와 같지 않다고 나무랄 것이 아니라 바로 다른 그 점을 인정하는 겁니다. 부모에게 인정받은 아이의 자존감은 올라가 다른 아이와 다른 그 점을 발달시킬 수 있습니다.

심리학자들이 엄마와 자식 간의 애착 실험을 했습니다. 엄마가 만족스럽게 놀이를 하고 있는 유아를 험상한 인상으로 노려보았습니다. 그랬더니 유아는 엄마와의 놀이를 중단하고 고개를 돌리며 우울해졌습니다. 다시 원래 관계로 돌리는 데는 상당히 많은 시간과 노력이 들었습니다.

성장기의 자녀 교육에서 중요한 것은 부모와 자녀의 관계의 질이지 교육의 질이 아닙니다. 인본주의 심리학자 로저스는 공교육에서도 교사와 학생 간에 교육이 아닌 관계의 질이 좋아야 이상적인 교육이 이루어질 수 있다고 믿었습니다. 하지만 공교육에서 이런 이상적 이념을 구현하기에는 현실적인 어려움이 많습니다. 그러나 가정에서는 가능합니다. 사람들은 인정을 받았을 때 자존감이 올라가고 행복해집니다. 부모가 자기 자식의 장점을 살려 주는 역할을 하기에도 시간이 부족한데, 엄친아를 들먹일 시간이 어디 있습니까. 장점을 살려 주는 역할을 부모가 해야 합니다.

'그렇게 하다 보면 단점이 없어지거나 수정되겠지' 하는 조건 기대를 가지고 실천한 엄마 중에 이런 질문을 하는 분들이 많습니다.

"그렇게 했더니, 버릇만 나빠지지 단점 개선이 안 됩니다."

그들은 단점을 고쳐 줄 심산으로 장점을 격려한 것뿐입니다. 엄마의 무의식 안에서 장점 지지는 단점을 개선하기 위한 일종의 미끼입니다. 이것은 자식을 대하는 엄마의 정서에 그대로 반영되고, 자식은 이를 무의식적으로 알아차립니다.

장점을 찾아 키우면 자존감이 올라감은 물론, 단점을 지적받았을 때 본인의 더 좋은 장점을 생각해 어느 정도의 불쾌감은 충분히 견뎌냅니다. 꼭 고쳐야 하는 단점이 있다면, 그 단점을 고칠 수 있는 힘은 장점에서 나온다는 점을 기억해야 합니다. 당신 스스로 당신의 좋은 점을 격려하고 지지하세요. 그 힘이 당신의 단점을 관리합니다. 인간의 잠재력은 단점을 고치면서가 아니라 장점을 살리면서 계발됩니다.

◎ 장점은 단점에서 나온다

그러나 나이가 들어서는 새로운 발달 과제가 놓입니다. 이전에는 주로 장점을 살려 사회화를 꾀했다면, 어느 정도 나이가 들어서는 단점을 직면하고 개선함으로써 성장합니다. 여기에 쉽지 않은 과제가 있습니다. 단점을 수용하려면 단점을 인정해야 하는데 반평생 장점을 바라보며 살아온 사람이 본인의 단점을 인정하는 것 자체가 여간 어려운 일이 아닙니다.

'난 아니야, 절대 그렇지 않아'를 '아, 나에게도 이런 점이 있었구나'로 바꾸면 이제는 단점을 방어하기 위해 사용된 에너지가 풀립니다. 내면에서 수용된 단점은 파괴적이지 않고 불안을 야기하지 않습니다. 심리적 안정을 제공하고 그 자체로 삶을 역동적으로 움직여 나가는 데 기여합니다.

'이건 안 돼' 하는 것을 '이럴 수도 있는 거지'로 바꾸니 정신 균형이 이루어집니다. 그때에 이르러서야 단점은 장점을 보호하는 꼭 필요한 껍질임을 알게 됩니다. 잘 보호하려고 그동안 단단한 껍질로 싸고 있었던 것입니다. 껍질인 단점을 인정하고 수용함으로써 당신의 장점은 더욱 빛납니다.

장점은 단점에서 나온다는 점을 잊지 맙시다.

뱀도 에덴동산의
한 식구입니다

나의 그림자와 공존하기

◎ **'산행하는 나'**

심리분석 전문가들에게 꿈은 무의식의 세계를 보여 주는 매우 중요한 상징이지만, 일반인들에게 꿈 분석은 낯설다 못해 소설처럼 보일 수 있습니다. 꿈을 분석하거나 소설을 쓰거나 둘 다 주체가 나인 것은 동일하지만, 꿈은 변장만 하고 있는 그대로를 보여 주는 것에 반해 소설은 각색을 한다는 점에서 다릅니다. 분석심리학은 꿈에 성장의 로드맵이 그려져 있다고 믿습니다. 그렇다고 꿈을 맹신하는 것은 또 다른 꿈을 꾸는 것과 다름없지만, 꿈은 무의식의 산물이기에 어떤 꿈에는 삶의 중요한 지표가 담겨 있습니다. 의미 있는 제 꿈을 소개합니다.

몇몇 일행과 함께 배낭을 메고 산길 여행을 한다. 길이 좀 거칠다. 우리는 열심히 걷는다. 개울이 길을 따라 흐르는 호젓한 숲 속 길에서 잠깐 쉬고 가기로 했다. 나뭇가지 위에 몇 개의 모자가 있었는데, 본래 여기 있었던 것인지 일행이 벗어 놓은 것인지는 모르겠다. 나는 모자를 쓰지 않고 길을 나선 것을 후회하면서 그중 마음에 드는 것을 하나 고른다. 그것은 빛나는 노란 모자로 마음을 설레게 했다. 머리에 써 보았는데 땀 냄새가 배어 개울물로 씻어 낸다. 여행용으로 이렇게 노란 모자가 있는 것이 이상하지만, 내게 잘어울릴 것 같다.

최근 강의 준비를 위해 융의 저작물을 읽으면서 꾼 꿈입니다. 이 꿈은 나타난 상징으로 보아 꿈에 대한 건조한 입장을 가진 프로이트의 정신분석학보다는 드라마틱한 융의 입장으로 보아야 흥미도 있고 유익합니다.

융에 따르면 꿈엔 앞으로 나갈 지표가 그려져 있습니다. 성인의 꿈은 더욱 그렇습니다. 누구나 생의 후반에 이르면 자기만의 삶을 살겠다는 무의식적 욕구가 강하게 생기고, 강한 무의식적 욕구는 반드시 꿈을 통해 상징화되기 마련입니다. 나로서 살겠다는 의지는 길을 걷는 꿈으로 자주 등장합니다.

길을 걸으면서 보이는 상징들, 이것들은 자기 삶을 사는 데 매우 중요한 정신요소들입니다. 무의식에는 있으나 의식에서 알아차리지 못한 것들을 보여 주는 것이고, 혹은 의식에 있는 어떤 것을 있는 그대로 보여 주는 경우도 있습니다. 전자의 경우는 하나의 지표로 사용할 수 있고, 후자의 경우는 자기를 객관화하는 데 도움이 됩니다.

위 꿈을 그림으로 그려 제목을 붙인다면 '산행하는 나'입니다. 나의 무의식이 산행으로 무엇을 보여 주려 한 것은 제가 산을 좋아하기 때문입니다. 꿈은 그가 의식 세계에서 경험했던 것들을 무의식의 창고에 모아 꿈의 재료로 사용합니다. 꿈을 꿀 당시에는 설레는 마음으로 제자들과 설악산 종주를 계획하고 있었기에 더욱 그랬습니다. 산행을 하는 나는 자기를 찾으려 무의식의 여정에 오른 나입니다. 여기서의 무의식은 의식과 동떨어진 환상의 세계가 아닙니다. 현실과 관계를 맺고 구체적으로 어떤 결정과 행동을 하는 무의식입니다.

◎ **자기가 되는 것의 위대함**

숲 속 개울가에서 잠깐 쉬면서 꿈속의 사건은 계속 전개되는데, 사실 전 산행을 하면서 한가하게 숲 속 개울가에 앉아 쉬는 경우가 드뭅니다. 쉬느니 차라리 서행을 하는 게 낫습니다. 쉬면 다리가 풀려 산행이 힘들어집니다. 하지만 꿈은 의식적 삶과는 반대로 나타났습니다. 내가 너무 열심히 걷고만 있어 그러다 지치면 포기할 수 있으니 나의 무의식이 쉬었다 가라고 메시지를 보낸 것입니다.

'숲 속의 개울가'는 쉬기에 안성맞춤입니다. 쉬었다 가라는 이 정표나 다름없습니다. 내가 너무 달리기만 했나, 이번 쉼을 통해 얻을 것이 있음을 보여 주는 걸까? 산행하는 사람에게 물은 필수이고, 숲 속의 개울은 찾지 않으면 그냥 지나치는 곳입니다. 숲 속의 개울은 적은 물이 졸졸 흐르는 곳으로 엄마의 젖가슴에서 흐르는 모유의 모성 공급과 비슷합니다. 산에 오르는 사람에게 물이 필수이듯, 인생의 거친 길을 따라 자기를 실현하는 사람에게 모성 공급은 필수입니다.

부성은 "애야, 조금만 더 오르자. 바로 저기다"라며 지친 우리를 채근하고, 모성은 "애야, 좀 쉬었다 가거라"라며 지친 우리에게 쉴 자리를 마련해 줍니다. 방학을 맞아 공부에 지친 제자들과 함께 설악산을 오르는 것은 곧 모성의 쉼입니다. 인생이라는 예측불허의 길을 걷는 순례자들에게 모성을 재생산해 낼 수 있는 능력은 필수입니다. 우린 종종 모성의 젖가슴에서 젖을 먹고 칼로리를 보충해 길을 걸어야 합니다.

어린이는 모성, 즉 모유를 먹고 어른이 됩니다. 어른이 되는 것은 무엇을 의미합니까? 모성의 의존에서 분리돼 자기의 젖을 만들어 어린이를 양육해야 합니다. 자기 젖을 만들어 자기에게 공급하고 어린이들에게도 공급해 떳떳한 사회의 일원이 되어 자기실현을 합니다. 지금까지는 사회에 적응하고 순응하며 살아왔다면, 어른이 되어서는 준비된 적응과 순응을 자본으로 삼아 개성 있는 자기 삶을 살아야 합니다. 다른 사람들과는 구별되는 나만의 삶을 살게 하는 정신요소, 분석심리학에서는 그것을 자기(self)라고 합니다.

인생은 누군가와 함께 가면서도 나만의 자기를 찾아야 비로소 행복합니다. 가령 가르치는 일에 재능이 있는 사람이 있다고 합시다. 그는 자기 재능을 뒤로하고 사회화를 위해 사업을 해서 돈을 많이 벌었습니다. 돈은 많이 있지만 '가르치는 나'를 떠나 있기에 그는 행복하지 않습니다. 사업을 하면서도, 혹은 사업을 그만둔 뒤라도 '가르치는 나'를 회복할 때 행복한 자기가 됩니다. 한 번뿐인 인생의 시간 여행에서 모방이나 하고 산다면 큰 불행이고, 죽을 때 후회하는 일 가운데 1순위일 것입니다. 자기가 되는 것, 그것은 용기이고 거대 우주에서 당신의 역할에 대한 충성입니다.

꿈속에서 제가 고른 빛나는 노란 모자, 이것이 저의 자기입니다. 어떤 사람이든 자기의 상징을 찾았다면, 밝게 빛나고 있음을 발견합니다. 각자의 자기는 이성으로 생각할 수 없을 만큼 빛나고 있음을 인정받길 원합니다. "난 그렇지 않아" 하는 것은 겸손이 아니라 자기의 빛을 어둡게 만드는 교만입니다.

◎ 빛과 그림자

한편 모자는 그 사람의 사회적 신분을 나타내는 것으로 페르소나(persona)이기도 합니다. 페르소나는 사회적 신분으로서 인격의 중심인 자기와는 대조적인 정신 기능입니다. 모자는 그 질과 자아가 모자를 대하는 태도에 따라 자기이거나 페르소나가 됩니다. 군인이나 경찰관의 모자는 그의 페르소나를 상징하지만, 왕이 쓰는 황금색 왕관은 모든 사람이 선망하는 자기의 상징입니다.

나는 숲 속 개울가에서 왕관처럼 빛나는 노란 모자를 발견한 기쁨에 젖습니다. 누구든 일상의 바쁜 일정을 떠나 평온한 자연의 모성으로 돌아가면 이전에 못 보던 자기의 어떤 측면들을 보고, 그것은 그에게 큰 에너지로 작용합니다.

그런데 그 좋은 노란 모자에 땀 냄새가 배어 있다는 점, 그것이 모자의 가치를 떨어뜨리겠습니까? 모자는 머리에 쓰는 것이고 조금만 오르막길을 올라도 땀이 배어 땀 냄새가 납니다. 이것은 찬란히 빛나는 자기라 하더라도 내놓고 싶지 않은 그림자가 있다는 것을 암시합니다. 위에서 예로 든 '가르치는 자기'에는 '가르치고 싶지 않은 자기'가 그림자로 있습니다. 아무리 가르치는 일을 좋아해도 좋아하지 않을 때도 있음이 자연스러운 현상입니다. 만일 항상 그 일만 하려 든다면, 그래야 마음의 불안이 진정된다면, 그것은 중독입니다.

어린아이들은 놀이를 좋아하지만, 그만 놀고 집으로 돌아가고 싶어지는 포화점이 있습니다. 요즘 청소년의 인터넷 게임이 심각한 사회문제가 되고 있습니다. 그것은 개인주의 문화라는 시대의 조류 안에서 판단할 수 있는 것으로, 하루 몇 시간이나 게임에 빠져 있는지를 중독의 판단 기준으로 삼을 수는 없습니다. 게임을 하기 싫을 때가 있고, 그 시간에 그가 해야 할 일들을 한다면 중독이 아닙니다.

정신이 한쪽 방향으로 가는 것이 문제이지, 반대 방향에 있는 것을 볼 수 있다면 그것이 비록 수용하기 힘든 그림자라 하더라도 문제 될 것은 없습니다. 황제의 왕관이 빛나고 부러워 왕이 된 사람이 있다고 합시다. 그가 왕으로서의 일을 잘 해내기 위해서는 왕관 속에 가려진 막중한 책임감과 고독도 인정하고 수용해야 합니다.

저의 노란 모자는 땀으로 더럽혀져 있습니다. 그것은 저의 빛나는 자기에도 땀 냄새가 그림자로 가려져 있다는 점을 보여 줍니다. 이 그림자가 두려워 거부하려 든다면 자기 자체를 무의식에 묻어 두어야 하고, 그렇다면 나는 결코 자기로서 살지 못할 겁니다. 원하지 않은 얼룩이고 냄새지만 그것은 나에게 자기의 일부입니다.

모든 자기는 이와 같이 명암의 양극처럼 대조를 이루고 있습니다. 그리고 양쪽의 긴장에서 생기는 에너지의 낙차는 자기를 실현하려는 사람에게 동력을 제공합니다. 썩 마음에 들지는 않지만 저는 익숙한 손놀림으로 모자를 개울물에 씻습니다. 자기의 그림자를 수용하는 태도를 보여 줍니다. 한편, 모든 종교는 물을 사용하는 정화의식을 가지고 있습니다. 종교의식에서 물로 씻는 행위는 자기를 보존하려는 일종의 의식입니다. 진정한 내가 되는 것, 그것은 물로 정화되어야 할 신성한 것입니다. 융은 자기실현의 과정을 종교적 성화 과정과 같다고 했습니다.

◎ **공존의 힘**

다음은 '산행하는 나'에 이어 꾼 꿈입니다.

강원도처럼 산으로 둘러싸인 마을을 지나고 있다. 그곳에는 고층 아파트들이 들어서 있다. 이런 산골에 고층 아파트가 있는 것이 좀 이상하지만 있을 만하다는 생각을 하면서 길을 걷는다. 자세히 보니 H빔이 아파트 각층마다 사각으로 노출되어 있다. 그것 때문에 건물이 흉물스럽긴 해도 튼튼해 보인다. 어떤 아파트는 금방이라도 허물어질 듯이 낡아서 거기에 사람이 살고 있을 것 같지 않다. 거기서 웬 노파 한 사람이 연탄집게를 들고 나온다. 가까이 가 보니 그 아파트는 보기와는 달리 매우 튼튼하다. 겉으로 노출된 H빔이 눈에 계속 들어온다. '저런 공법이 다 있었네' 하고 중얼거린다.

산으로 둘러싸인 곳은 밖으로 노출되지 않는 나의 무의식 세계를 말합니다. 거기에 있는 아파트는 사각이 뚜렷한 건물로 전형적인 자기 이미지입니다. 그런데 왜 거기에 추한 모습이 담겨 있을까? 본래 자기는 좋은 것과 그 반대의 것으로 대칭 구조를 이루고 있기 때문입니다. 빛나는 노란 모자의 땀 냄새와 같은 것입니다.

우주는 물론 한 개인에게도 빛과 어둠은 공존합니다. 둘은 별개가 아니라 하나로서 각각의 존재감을 보여 줍니다. 어둠을 몰아내고 빛만 불러들이려는 것은 순수가 아니라 어리석은 짓입니다. 가능하지도 않습니다. 어둠이 없는 빛은 없습니다. 탈무드에서는 영적인 사람일수록 내면엔 사악한 것이 더 많다고 합니다. 그 사악한 면이 동기가 되어 현자가 됩니다.

제자 중에 교회에서 매우 존경받는 전도사 한 분이 있습니다. 그런데 그 거룩한 분이 가정에만 들어오면 다른 모습을 보여, 아내로부터 "당신이 전도사야?"라는 비난을 들을 때가 많습니다. 그 전도사는 교회에서 하는 것처럼 가정에서는 할 수 없다고 했고, 아내는 그것을 이해하지 못한다는 겁니다. 저는 교회에서 진짜 전도사가 되느라고 얼마나 힘들었으면 가정에서 전도사가 아닌 모습을 보이겠느냐며, 또 가정에서도 거룩한 전도사가 되면 한 이불을 덮고 자는 아내로서 얼마나 불편하겠느냐고 아내를 이해시켰습니다. 지나치지만 않다면 남편의 서로 다른 면이 남편의 정신 건강을 유지시켜 줄 것이고, 부부관계도 가식이 아닌 진심이 될 것이라고 했습니다.

좋은 것만 주고받는 관계는 위선이지 결코 좋은 관계가 아닙니다. 친구가 평생 가는 것은 좋고 나쁜 것을 모두 공유하기 때문입니다. H빔이 드러난 흉물스러움이 아파트를 더욱 단단하게 합니다.

거기서 연탄집게를 들고 나오는 노파는 방을 따뜻하게 하는 대모의 원형입니다. 연탄보일러는 방의 에너지원으로 그늘진 뒤편에 있습니다. 그림자는 자기실현을 위한 에너지원으로 사용됨을 보여 줍니다. 인류 최고 에너지인 석유는 지하의 어두운 곳에 묻혀 있습니다.

◎ **어머니의 이중성**

또 다른 그림자를 설명하려 합니다. 자기실현이 성공적으로 이뤄지도록 길을 안내하는 내면의 안내자가 있습니다. 남성에게 영혼의 안내자는 여성성, 여성에게는 남성성입니다. 융은 이를 아니마, 아니무스라고 했습니다. 생의 전반기를 남성의 페르소나로 살았다면 후반기에는 여성성을 찾아 인격에 통합해야만 진정한 자기가 됩니다. 양성의 통합은 관계의 능력입니다. 그런데 아니마도 자체의 그림자를 가지고 있고, 다음의 꿈은 이를 잘 보여 주고 있습니다.

그곳 아파트의 한 집을 방문했다. 그 집 부모는 교수인데 그들은 바쁘지만 아이들을 잘 돌보고 있었다. 부인의 이름은 안유란이라고 한다. 내가 전에 어디서 한 번 본 여성이다. 우아하게 다가왔으나, 비밀에 싸인 신비주의자 같다. 나는 호기심으로 그녀에게 더 가까이 갔다. 그런데 그녀는 매우 냉담해 보였다.

저는 여성의 이름 끝에 '란'자가 들어가면 이상하게 끌립니다. 가운데 글자인 '유'는 '부드럽다'와 '젖', 두 가지 의미가 있습니다. '유란'은 전형적인 여성 이름으로 여성성을 말합니다. 제가 만난 실제 인물은 아니지만 여성성을 투사하기엔 충분합니다. 꿈은 유란으로 표현되는 아이를 잘 키우는 여성성이 제 안에 있음을 보여 주고 있습니다.

그런데 가까이 가서 보니 신비적이고 냉담한 여성입니다. 신비가 인간의 욕망을 채워 주는 개념인 것은 맞습니다. 하지만 신비가 평범함으로 내려오고, 평범한 것에서 다시 신비의 의미를 재발견하는 작업을 통해 인간은 영적으로 성장합니다. 마냥 신비로 남아 있는 것은 사랑을 못 주는 어머니상이 이상화되어 남아 있는 측면이 강합니다. 즉, 막연한 신비는 어머니의 그림자입니다.

그런 어머니는 또한 냉담합니다. 신비와 냉담은 한 통에서 나옵니다. 신비를 추구하는 사람은 반드시 냉담하고, 냉담한 사람은 그 냉담함을 견디기 위해 신비를 추구합니다. 이처럼 잘 양육하고 부드러운 여성성 이면에는 신비와 냉담이 있습니다. 아니마의 긍정적, 부정적 양면성을 말해 줍니다. 이런 양극성이 작용해 심리 에너지가 생산되고, 내부와 외부의 양극성을 기능적으로 조절할 수 있습니다.

아니마의 그림자는 매우 파괴적이기에 경계해야 합니다. 잘못 다루면 먹힙니다. 아니마의 그림자는 남성을 감상주의로 몰고 가 사회적 직분을 빼앗아갈 수 있습니다. 독일 라인 강변의 전설은 이를 잘 보여 주고 있습니다.

배가 라인 강변 로렐라이 언덕에 이르면 어김없이 여성의 아름다운 노랫소리가 들려옵니다. 배는 여성명사지만 배에 타고 있는 선원은 남성들입니다. 그들은 여성성에 대한 갈망과 충족을 그들이 타고 있는 배에서 해결해야 했습니다. 그러나 남성 선원들은 여성성에 대한 그리움을 외부에서 찾게 되고, 그 그리운 감상주의가 로렐라이 언덕에서 노래를 부르는 여인상에 투사된 것입니다. 여성성의 그림자인 감상주의는 남성의 이성을 흐리게 합니다. 선원들은 그 노랫소리에 이성, 곧 그들의 남성성을 빼앗겨 폭포 아래로 떨어져 죽습니다.

한국의 민담에도 유사한 이야기가 많습니다. 한 선비가 한양으로 과거를 보러 가기 위해 산을 넘는데 해가 집니다. 그런데 숲 속 바로 앞에서 고래 등 같은 기와집을 발견하고 하룻밤 청하려고 대문을 두드립니다. 그러자 안에서 절세미인이 선비를 맞이하고 주안상까지 차려오겠다 합니다. 깊은 밤에 산을 넘는 남성의 감상주의가 숲 속의 섹시한 여성상에 투사된 것입니다. 아니나 다를까, 음식을 준비하러 간 미인은 선비를 잡아먹으려 숫돌에 칼을 가는 여우입니다. 남성들은 그들 아니마의 그림자를 경계하라는 집단 무의식의 경고입니다.

아니마의 그림자는 집단 무의식의 원형으로서 내 안에 있음을 인정하고 경계해야지, 외부로 투사하지 말라는 것입니다. 심리학적으로 낙원 에덴동산의 뱀은 자기와 심혼의 그림자가 투사된 것입니다. 비록 그림자로 말미암아 아담과 하와는 낙원에서 추방당해 고통이 뒤따랐지만, 그로 인해 인간은 책임감 있는 존재가 되어 불완전한 세상에서 어른으로 살 수 있게 되었습니다. 우리가 사는 세상은 낙원이 아니기에 한시라도 그림자를 버리고는 적응할 수 없습니다.

그림자도 자기의 중요한 일부임을 잊지 말아야 합니다.

내 속에 잠자는
공격 본능을 깨우세요

뜻밖의 성장 에너지, 공격성

◎ **한 점 부끄럽지 않은 사람은 없다**

'죽는 날까지 하늘을 우러러 한 점 부끄러움이 없기를.'

윤동주 시인의 〈서시〉 첫 구절이 많은 사람의 마음을 울렸습니다. 그것뿐입니다. 그렇게 살 수 없다는 것을 너무나 잘 알고, 그렇게 살고 싶은 향수를 달랬습니다. 일제 치하의 조선 청년에게 한 점 부끄러움 없이 살기를 원하는 심정은 무엇을 의미하는 걸까요? 그렇게 살 수 있을까요? 이 시를 창작한 24세 순수한 문학청년의 로맨스가 없다 할 수 없습니다.

심리학은 이 구절에 감추어진 뒤를 보려 합니다. 그렇게 부끄러움 없이 살기를 원하는 순수함의 이면에는 부끄럽더라도 욕망에 충실하고 싶은 심정이 숨어 있습니다. 현자는 인간적 욕망이 없어 초월한 사람이 절대 아닙니다. 오히려 그 욕망에 더욱 민감해, 그것을 넘어서려는 욕망 또한 더더욱 컸기에 이 내적인 투쟁에서 승리한 사람입니다.

우리의 자아는 밝은 것을 추구하고 어두운 것은 억압합니다. 억압된 어두운 것, 아직 빛을 보지 못했지만 빛을 보기 원하는 것이 있습니다. 그것을 그림자라고 합니다. 그림자는 인격의 어두운 부분입니다. 반대로 자아는 인격의 밝은 부분입니다. 인격의 밝은 부분은 보이고 싶고, 어두운 부분은 가리고 싶습니다. 그리고 다른 사람에게서 그 가린 부분과 같은 성질의 것을 발견하면, 그는 자기 그림자를 싫어하듯 그 사람을 싫어하게 됩니다.

이것은 무의식적으로 일어나는 자동화 프로그램입니다. 제 인격의 그림자를 외부에 투사함으로써 내 것을 상대방의 것으로 돌리고 상대방을 미워하는 겁니다. 미움의 근원은 상대가 아니라 바로 그런 특성을 가진 자신임이 분석을 통해 밝혀집니다. 누구든 그림자를 투사합니다. 투사를 받는 사람은 불편하지만, 만일 투사하는 사람이 그림자의 실체를 발견하고 인정하고 수용한다면 거기엔 미처 생각하지 못한 성장의 단서가 있습니다.

인간이기 때문에 그림자가 있습니다. 빛이 강할수록 그림자가 진합니다. 그림자는 동물의 근성과 같은 것으로서 내면에 억압하면 하나의 인격체가 되어 원하지 않는 방향으로 삶을 움직여 갑니다. 그림자를 억압만 하지 말고, 억압한 그 에너지를 다른 곳으로 전용한다면 그는 더 많은 역량을 가진 사람이 됩니다. 그림자를 찾아내는 것은 그다지 어렵지 않지만, 수용하기는 힘듭니다.

이렇게 해 볼까요? 내가 미워하는 동성 한 사람을 연상해 보세요. 그 동성에게서 미워하는 특징 3개를 구체적으로 떠올려 보고 그것을 그림으로 그려 보세요. 그리고 그 그림을 설명해 볼까요? 당신은 그림을 설명하면서 '아, 이것은 네 것이 아니라 내 것이었구나' 할 겁니다. 네가 미운 것이 아니라 내가 미웠어, 하는 겁니다. 그 순간 당신은 그만큼 성장합니다.

◎ **두 개의 그림자, 여우와 맹수**

학생들을 대상으로 그림자 찾기 실습을 한 결과 흥미로운 점이 발견되었습니다. 여성들의 그림에는 '여우'가 많습니다. 한국 여성들은 여우의 특징을 그림자로 여기고 있음을 알 수 있습니다. 민담에 나오는 구미호, 불여우, 여인으로 둔갑한 여우 등은 여성의 그림자를 흉측한 여우로 투사한 것입니다. 용기 있는 남성이 등장해 나쁜 여우를 물리치는 행위는 여성의 본능적 특징인 여우 기질을 억압하는 것과 다름없습니다.

그럼 여우 기질이 나쁜 것일까요? 여우는 여성의 고유성으로

서 그 기질을 가지고 있어 사회로 진출하고 남성들에게 종속되지 않고 힘겨루기에서도 이깁니다. 여우는 교활하지만 적응력과 처세에 능합니다. 여성의 여우는 남성들에게 매력입니다. 남자들은 순종하는 곰 같은 여성보다도 여우 같은 여성에게서 여성성을 더 많이 느낍니다. 그런데 그런 정신요소가 여성의 자아에 의해 외면당하고 있는 것은 한국의 오랜 남존여비 사상 때문입니다.

남성들은 교활한 여성의 여우에 지배당하는 게 두려워 여우 기질을 나쁜 것으로 여기는 집단 문화를 만들었습니다. 그리고 이상적 여성상을 양처럼 온순한 이미지로 만듭니다. 양과 여우는 매우 대조되는 동물로 양이 여성의 자아라면 여우는 여성의 그림자가 되어 버렸습니다.

한국 여성의 개인 및 집단 무의식에는 아직도 이런 그림이 남아 있습니다. 그래서 여우 기질을 사용하는 것을 두려합니다. 혹여 누군가 여우 기질을 사용하려 한다면 개인은 물론 집단의 비난을 받기 십상입니다. 나는 체면이나 통념 때문에 사용하지 못하는 여우를, 다른 그녀가 사용하는 것을 곱게만 볼 수는 없습니다. 여우 기질, 여성들 고유의 특성으로 억압하거나 외부로 투사할 것이 아니라 자기 것으로 만들어야 당당한 여성이 됩니다.

반면 남성들의 그림에는 공격적인 도구나 무기, 맹수 같은 것이 많습니다. 남성들은 답답한 위계질서가 지배하는 사회를 마음껏 공격하는 꿈을 꿉니다. 하지만 그 꿈은 사회 구성원으로서 책임으로 인해 좌절됩니다. 좌절된 것은 내면에 억압되어 그림자를 만듭니다.

원시시대부터 남성의 공격성은 사냥하거나 이웃 부족과의 전쟁에서 가정과 부족을 지키는 능력이 됩니다. 그러나 문명사회에서는 조직에 순응하는 사람을 요구합니다. 속 터지고 답답한 일입니다. 공격성을 대신 해소해 줄 것이 필요합니다. 10대들이 조폭을 우상화하거나, 조폭 영화가 남성들에게 인기 있는 이유는 남성의 공격성을 대신 풀어 주기 때문입니다. 공격성은 좋고 나쁜 게 아니라 사용하기에 달렸습니다. 무조건 억압하기보다는 자아의 검열을 거쳐 사용하면 존재감이 상승합니다. 최선의 공격이 최선의 방어이듯 공격성은 마음먹기에 따라 얼마든지 좋게 사용할 수 있는 최신 무기입니다.

반면, 마음속에서 상상만 하는 공격성은 그 힘을 키워 무자비한 존재로 돌변합니다. 잔인한 범죄자들은 마음속에서 오랫동안 무자비한 상상을 키우고 검열 작용 없이 그것을 사용합니다. 자존감을 올려 주고 자기를 방어하는 최신 무기가 나와 너를 파괴하는 살인 도구로 변한 겁니다.

검열 작용을 거치면 무자비한 공격성은 현실과 접촉해 사용할 수 있는 것으로 수정되고 변화됩니다. 갓 태어난 사자 새끼가 바로 사냥꾼이 되는 게 아닙니다. 자기의 공격성으로 어미를 시험해 보거나, 어미가 물고 온 초식동물을 대상으로 공격성을 사용해 현실과 접촉하는 법을 배웁니다.

◎ 내 안의 공격성 사용법

천재는 공격성을 사용하는 자신만의 탁월한 방법을 아는 사람입니다. 실패는 성공의 어머니, 어머니가 되기 위해 얼마나 많은 실패를 거듭해야 하는지 성공한 사람만 압니다. 연속적으로 실패해 포기하고 싶은 마음이 들어도 뒤로 물러나지 않고, 또 다른 실패를 각오하고 재시도하며 앞으로 나가는 능력은 공격성에서 나옵니다. 따라서 모든 창조적인 업적은 창조자의 공격성과 현실이 만난 결과입니다.

검열 작용이란 각자의 공격성을 현실과의 접촉을 통해 기능적으로 사용할 수 있게 만드는 일종의 필터입니다. 공격성의 작은 부분부터 필터에 밀어넣어 점차 큰 것으로 나오게 하는 것입니다. 필터를 거친 공격성은 또한 외부의 피드백을 받아 더욱 건설적인 것이 됩니다.

낯가림이 심한 청년이 있었습니다. 그는 새로운 직장으로 옮겼는데 상사는 물론 동기 직원들 눈치까지 보느라, 퇴근 후에는 몸과 마음이 만신창이가 됩니다. 그는 그 이유가 다 외부에 있다고 믿고 있습니다. 직원들이 자기들끼리만 뭉치고 자신을 소외시키는데 눈치를 안 볼 수 없다는 겁니다.

"신입사원이라 업무도 생소해 선배에게 묻고 싶은 것도 많은데 물을 수가 없습니다."

모두가 그에게 등을 돌렸기 때문입니다. 관계도 업무도 안 되는 직장생활은 지옥입니다. 그래서 3개월도 안 다닌 직장을 또 옮기려고 합니다.

어떻게 할까요? 공격성의 문제입니다. 그는 공격성을 억압하고 있습니다. 남이야 뭐라고 하든 내 말을 할 수 있는 힘은 공격성에서 나옵니다. 요즘 "네 인생을 살라"라는 말이 유행입니다. 모두가 각자의 인생을 추구하는 세상에서 내 인생을 살아가는 능력은 공격성에서 나옵니다. 남이 내 인생을 살아 주는 것은 절대 아닌데, 남들 낯가림이나 하고 있다면 얼마나 억울한 인생이 되겠습니까?

새로운 집단에 적응해 존재감을 나타내는 것도 공격성에서 나옵니다. 만일 당신이 공격성을 억압만 한다면, 외부의 모든 것들은 당신을 박해하는 것들로 돌변합니다. 그러니 대인공포증과 공황장애가 이때다 싶어 찾아와 당신을 괴롭힙니다. 대인공포증과 공황장애는 있지도 않은 것을 있는 것처럼 생각하고 피해의식에 사로잡히는 마음의 장난에 불과합니다.

어떻게 물리칠까요? 싸워 이겨야 합니다. 싸우는 무기는 바로 당신의 공격성입니다. 그 공격성을 서서히 사용해 보세요. 그리고 피드백을 받아 수정 작업을 거치세요. 수정 작업에서 중요한 것은 느낌이 아니라 사실에 근거해야 한다는 점입니다.

저는 낯가림이 심한 청년에게 우선 말을 하라고 했습니다. 내 밥그릇은 내가 챙기는 것인데, 말을 안 하고 있으면 누가 당신을 챙겨 주겠는가, 손해를 보았다는 생각밖에 들지 않겠는가, 인사도 먼저 하고, 커피도 먼저 권하고, 점심 식사도 먼저 제의하고, 업무에 필요한 지식이면 아는 것이라도 모르는 것처럼 상사에게 질문해 보라고 했습니다. 청년은 낯가림이 심한 자신이 어떻게 그걸 하느냐고 반문했습니다. 그걸 할 줄 안다면 낯가림도 없었을 거랍니다. 맞습니다. 맞기 때문에 저는 이렇게 그의 공격성을 건드려 주었습니다.

"그럼, 평생 낯가림이나 하면서 사세요. 직장도 당장 그만두셔야죠."

제 말을 들은 청년은 화를 냈습니다. 어떻게 그런 말을 하느냐며, 자신에게 사회의 낙오자가 되라는 말과 다름없다며 따지듯 물었습니다. 저는 약간의 불쾌감을 참으며, "예, 저에게 따지듯 그렇게 직장에 가서 따지세요"라고 했습니다. 그 순간 청년은 어떤 깨달음이 와서 환하게 웃었습니다.

"선생님, 감사합니다."

청년은 오랫동안 칼집에 꽂혀 있는 자신의 멋진 칼이 아직 녹슬지 않았음을 확인했습니다. 청년은 그 칼을 빼들고 그의 싸움터로 나갔습니다. 그것은 너를 죽이고 나도 죽이는 칼이 아니라 상생의 칼입니다. 청년은 무조건 내가 먼저 말하겠다는 날 선 검을 들어올렸습니다. 눈치만 살피던 꿀 먹은 벙어리가 갑자기 말을 시작하니 그와 똑같은 사람인 직원들도 호의적이고 긍정적인 피드백을 주었습니다. 작은 공격성의 시험에서 합격점을 받은 그는 좀 더 큰 공격성, 자기의 주장을 피력할 수 있게 되었습니다.

성숙한 관계는 공격성을 억압하면서가 아니라 표현하고 상호 교환하면서 다져집니다. 검열 작용을 거치지 않은 공격성은 반사회적 성격을, 억압된 공격성은 대인공포증이나 공황장애를 유발하지만, 검열 작용을 거친 공격성은 인생의 모든 면에서 당신의 강력한 후원 세력입니다.

여성은 그녀의 여우와, 남성은 그의 맹수와 잘 사귀는 게 어떨까요?

호랑이와 한 배 타기,
그것이 인생입니다

내 안의 두려움 이해하기

◎ 밖의 두려움과 안의 두려움

이안 감독의 〈파이 이야기〉는 인도인의 인간관이 잘 반영된 영화입니다. 주인공 파이는 화물선을 타고 캐나다로 항해하던 중 풍랑을 만나 난파되어 가족을 잃습니다. 본인은 구사일생으로 구명보트에 몸을 실어 겨우 생명을 건집니다. 그런데 구명보트 안에는 사나운 벵골 호랑이가 있었습니다. 이제부터 파이의 적은 거대한 바다가 아니라 마주 보고 있는 사나운 호랑이입니다. 굶주린 호랑이가 파이를 잡아먹으려고 해서 파이는 잠시도 경계를 늦출 수 없습니다. 공격과 방어를 거듭하며 경계의 끈을 꼭 붙들고 있어야 했기에 망망대해를 표류하는 외로움조차 느낄 수 없었습니다.

마침내 파이는 호랑이를 길들여 경계의 끈을 풀고 공존이 가능해질 무렵, 그 호랑이야말로 망망대해의 외로운 표류를 견디게 해 준 동반자였음을 깨닫습니다. 그들은 표류 중에 매우 인상적인 한 섬에 정박합니다. 그 섬은 낮엔 지친 그들을 위로하기에 충분한 평화의 지대처럼 보였지만, 밤만 되면 호수가 산성화되고 식인 섬으로 변합니다. 파이는 그곳을 떠나 다시 호랑이와 함께 위험한 항해를 떠나야 합니다. 인생이란 항해에서 두려움을 내려놓고 쉬려고 하면 더 큰 죽음의 위험이 도사리고 있음을 암시하는 장면입니다. 두려운 호랑이와 함께 두려운 바다를 항해하는 것, 그것이 인생입니다.

이 영화에서 젊은 사람은 파이의 도전과 모험 정신을 배울 수 있습니다. 인생에서 용기 없이 성취할 수 있는 것은 아무것도 없습니다. 중년은 이 영화에서 각자의 은밀한 곳에 숨어 있던 두려움을 만납니다. 나의 밖에 있는 줄만 알았던 두려움이 바로 내 안에 있음을 깨달아 가는 과정은 중년기의 성숙을 위한 필수 과정입니다.

성취하려면 밖에서 찾고, 성숙하려면 안에서 찾아야 합니다. 성숙하기를 원하는 사람은 이 영화에서 각자의 두려움을 만날 것입니다. 배를 집어삼키는 파도가 두려운 것이 아니고, 큰 입을 벌리고 달려드는 호랑이가 두려운 게 아니라, 내 안의 풍랑과 호랑이가 두렵습니다. 인간의 두려움은 내면에 있고, 그것을 밖으로 투사해 밖의 것이 두려운 게 됩니다. 깊은 밤 홀로 산속을 걷는다고 합시다. 그는 갑자기 앞에 나타나 자신을 집어삼킬 귀신을 두려워합니다. 그 귀신은 앞에 나타난 외적 형상이 아니라 내면의 두려움이 밖으로 형상화된 것입니다.

◎ 싸워 이길 것은 두려움이 아니다

내 밖의 것으로 나타나는, 내 안의 두려움을 어떻게 할까요? 사람들은 본능적으로 싸워 이기려 하거나 제거하려 합니다. 그래서 귀신을 쫓아내는 퇴마식도 있습니다. 퇴마식에 대한 정신분석적 관점은 무의식에 있는 두려움을 직면해 해결할 수 없기에 외부의 것으로 돌리고, 귀신보다 더 큰 권위자의 힘을 빌려 제거하려는 것입니다. 오랜 역사를 가진 샤먼의 퇴마식이 과학의 시대에도 여전히 존재하는 이유는 인간의 두려움은 완전히 해결할 수 없다는 것을 의미합니다. '두려움은 과거의 것이다. 우리에게 희망만 있다', '두려움을 떨쳐내고 희망으로'라는 슬로건이 있습니다. 구호는 외칠 때뿐입니다.

성숙한 사람은 두려움도, 두려움을 이기는 권위도 외부가 아니라 내부에 있음을 압니다. 스스로 귀신 잡는 해병대가 되면 굳이 해병대를 요청할 필요가 없습니다. 귀신의 특성은 꿈에 다양한 이미지로 나타나 위협합니다. 그런데 꿈에 나타나는 그 귀신은 꿈꾼 이에게 해코지를 하지 않습니다. 해코지하려는 순간 잠에서 깨어납니다. 다만 무서운 형상으로 앞에 서 있어 위협할 뿐입니다. 우리는 스트레스를 받는 상황에서 내면의 다양한 두려움을, 그리고 그 두려움이 투사된 외부의 귀신을 만납니다. 그런 귀신은 제거하려 해도 제거되지 않습니다. 인간이 제 안의 두려움을 제거하려 해도 제거되지 않는 이치와 똑같습니다.

자, 두려움을 인정하면 어떨까요? 성인들의 전기를 보면 그것이 인간 안에 있건, 밖에 있건 꼭 마귀와 일전을 치르는 내용이 있습니다. 하물며 평범한 인간이 어떻게 귀신으로 투사되는 두려움 없이 살 수 있을까요. 인생은 두려움과 함께할 운명임을 받아들이는 겁니다. 당신의 일부, 인생의 일부로 인정한 두려움은 더 이상 당신의 삶에 해코지를 하지 않고, 당신 삶의 훌륭한 조력자가 됩니다.

이렇게 마음이 전환되는 시점에, 꿈에 나타나는 귀신은 더 이상 무섭지 않고 오히려 코믹하게 보이기조차 합니다. 두려움이 친구가 된 겁니다. 2002년 월드컵, 대한민국을 뜨겁게 달군 붉은 악마는 악마의 괴력을 코믹하게 꾸며 친구로 삼고 그의 힘을 빌려 쓰려는 집단 무의식이 투사된 이미지입니다.

인생이란 쪽배에 두려운 호랑이가 있기에 우리는 무력하거나 우울하지 않게 항해를 할 수 있습니다. 호랑이를 제거한다고

요? 제거되지도 않고 그럴수록 호랑이는 더욱 두려운 존재가 되어 바싹 앞으로 다가옵니다. 파이가 호랑이와 적당한 거리에서 친하게 지내는 법을 터득했듯이 당신의 두려움과 친하게 지내는 방법을 터득해 보세요. 88올림픽 마스코트인 호돌이는 사나운 호랑이를 코믹하게 만들어 친구로 삼고, 호랑이의 괴력을 사용해 올림픽에서 승리하려는 집단 무의식이 만들어낸 이미지입니다.

인생은 두려움과 싸워 이기는 것이 아니라 두려움을 잘 사용해 함께 가는 것입니다.

외롭기로 작정하면
어딘들 못 갈까요?

삶을 승화시키는 실존적 외로움

◎ **두려움이 물러난 자리**

파이는 호랑이를 밀림으로 돌려보낸 후 어떻게 되었을까요? 두려움을 직면하고 수용해 큰 수확을 얻었으니 과연 해피엔딩이 될까요?

인생은 그렇게 단순하지 않습니다. 큰 풍랑이 지나간 바닷가는 언제 그랬냐는 듯이 고요합니다. 얼마간의 고요함은 편안함을 줍니다. 하지만 그 편안함은 오래지 않아 지루함에 물들고, 지루함은 외로움을 부릅니다. 편안함이 외로움으로 이동한 겁니다.

오랫동안 원양어선을 탄 선원의 말에 따르면, 차라리 잠깐 동안 거세게 밀려드는 풍랑은 견딜 만하다고 합니다. 반면 지루하게 계속되는 고요한 바다가 오히려 미치도록 외로워 견디기 어렵다고 합니다. 배가 항구에 정박하면 선원들은 두려움보다는 외로움을 달랜다고 합니다.

갑작스럽게 몹쓸 질병에 걸린 사람이 있었습니다. 그분은 병을 고치기 위해 강박증 환자처럼 식습관을 바꾸고, 정기적으로 운동하고, 마음을 관리하는 등 일상생활 전반에 대대적인 변화를 주었습니다. 이 병이 성공적으로 치료될 수 있는지 늘 두려움이 있었고, 두려움이 있었기에 건강 수칙을 더 잘 지킬 수 있었습니다.

마침내 주치의는 완치 판정을 내렸습니다. 그분은 안도의 숨을 길게 내쉬었습니다. 그리고 얼마의 시간이 흘렀습니다. 그 순간 묘한 감정이 흘러들어 왔습니다. 투병 시기에 잠시 물러나 있던 외로움이 슬며시 찾아온 것입니다.

심리치료사는 내담자가 직면하길 두려워하는 어두운 내면을 만나게 해 줍니다. 만남은 싸워서 이기는 것이 아닌, 있는 그대로의 두려움을 느끼고 버틸 수 있게 합니다. 치료자와 내담자가 함께 떠나는 여행은 초기엔 두렵습니다. 내담자는 상처받는 게 두려워 매우 조심조심 발걸음을 내딛습니다. 치료자의 성급함을 경계하면서.

여행 중 그가 모르고 있던 새로운 두려움을 만나면 내담자는 머뭇거립니다. 자유를 포기하고 안전한 자리로 돌아갈 것인가? 아니면 안전을 포기하고 자유를 얻는 모험을 감행할 것인가? 치료자와 내담자는 매우 조심스럽게 두려움 속으로 들어가서 두려움을 벗겨 냅니다. 그리고 두려움이 벗겨지면서 내담자는 난생처음 긴 마음의 휴식을 얻습니다. 치료자에게 진심으로 감사한 마음을 갖습니다. 자신의 잠재력을 발견함으로써 새로운 희망을 갖습니다.

그러나 그것도 잠시라는 것을 치료자는 잘 압니다. 내담자는 그동안 두려움과 싸우느라 뒤로 제쳐 놓았던 외로움을 만날 것이기 때문입니다. 두려움에 버금가는 적수를 만날 준비를 하라고 마음이 잠깐 허락한 쉼이었습니다.

이 단계에 이른 내담자들이 종종 하는 말입니다.

"선생님, 마음은 많이 편안해졌는데, 외롭습니다. 이전의 외로움과는 다른 이 외로움은 무얼까요?"

◎ **외로우니 인생이다**

풍랑이 지나간 바다에 고요가 찾아왔습니다. 고요하면 편안할 줄 알았는데, 고요가 또한 외로움임을 알게 됩니다. 피 터지는 싸움에서 승리해 정상에 오른 사람이 있습니다. 정상의 영광은 잠시뿐 그에겐 다시 외로움이 찾아옵니다. 정상에 선 사람이 그 기분을 계속 유지하려고 약물이나 건강치 못한 습관에 의존하는 이유가 여기에 있습니다.

어디 정상만 외롭겠습니까. 오를 때든 내려올 때든 혼자 오르내리는 게 인생입니다. 그러니 외롭지 않은 인생이 어디 있겠습니까. 실존주의 철학자들이 말하는 대로 인생은 던져진 존재입니다. 제 뜻으로 세상에 온 것이 아니고 제 뜻으로 세상을 떠날 것도 아니기에 인생은 외롭습니다. 실존적인 고독, 외로움이라 합니다.

그럼 실존적인 외로움과 병리적인 외로움을 어떻게 구분할까요? 실존적 외로움에는 병리적 요인이 있고, 병리적 외로움에는 실존적 요인도 있습니다. 둘을 명확히 구분하기는 힘들지만 한 가지 구분 방법이 있습니다.

두려움이 해결되었다면 실존적 외로움이고, 두려움이 해결되지 않았다면 병리적 외로움입니다. 실존적 외로움은 삶을 승화시키고, 병리적 외로움은 삶을 무기력하게 만들어 자살 충동까지 일어나게 합니다. 실존적 외로움은 외롭지만 외롭지 않고, 병리적 외로움은 외로움을 대체할 고통스러운 다른 것을 추구합니다. 호랑이와 적당한 거리 두기로 두려움을 해결한 파이는 다시 외로운 바다로 나가야 하고, 안전한 육지에 다다랐다 해도 일상의 외로움을 견뎌야 합니다.

불경에서 인생은 '공수래공수거', '인생무상 회자정리'입니다.

구약 성경 전도서는 해 아래 새것은 없고, 모든 것은 이전부터 있었던 것에 불과하다고 합니다. 인간은 외로움을 벗어던질 면 책특권을 받지 않았습니다.

외롭기로 작정하세요. 그러면 어디인들 못 가겠습니까.

결과에 감사할 줄 알면
결정이 쉬워집니다

자존감과 결정력

◎ **스스로 결정하지 못하는 사람들**

자존감이 있는 사람과 없는 사람을 구별하는 간단한 방법 하나. 자존감 있는 사람은 자기 결정을 존중하고 실패를 인정합니다. 반면 자존감이 낮은 사람은 자기 결정을 존중하지 못하고, 실패하면 속으로는 자기 탓을 하나 겉으로는 남 탓을 합니다. 실패는 수치스러운 것이어서 이후 실패하지 않기 위해 완벽주의에 빠집니다. 완벽주의는 100% 실패하기 마련이어서 자기 탓과 남 탓을 번갈아 합니다.

자존감이 낮아 자기 결정을 주저하는 사람은 스스로 해야 할 결정을 신앙의 대상에게 위임함으로써 신앙심 좋은 사람처럼 보이기도 합니다. 유아가 엄마의 결정에 의존하듯 유아적 신앙은 스스로의 선택과 결정을 믿지 못해 신앙의 대상에게 유아적 기대를 합니다. 그들은 미주알고주알 그들의 하나님께 아뢸 일이 많으나, 미주알고주알 말씀하시는 하나님이 아니어서 그들의 신앙 만족도는 떨어집니다.

오래전, 어느 석가탄신일에 강원도의 한 강가에서 본 일입니다. 스님 한 분이 계시고 그 주위에 수십 명의 신도들이 둘러 있었습니다. 저는 어떻게 방생 의식을 하는지 궁금해 가까이 갔습니다. 신도들은 한 분 한 분씩 스님 앞에 나가 소원을 빌고, 스님은 염불을 한 후 소원에 대한 해법을 제시했습니다. 대략 이런 내용들입니다.

"집을 언제 팔까요?"

"가을 중에 파세요."

"언제 좋은 직장으로 옮길 수 있을까요?"

"금년 안으로 되니 염려하지 마세요."

"남편과 이혼을 할까요? 말까요?"

"조금만 더 참고 살면 남편이 돌아옵니다."

"우리 아이를 공부 잘하게 하는 방법이 있을까요?"

"예불을 잘 드리고 정성스럽게 시주를 하세요."

스님의 말을 부처님 말씀처럼 믿는 불자들은 어린 남생이를 정성스레 강에 방류합니다. 한 마리의 생물을 자연의 품으로 돌려보내는 것과 부처님의 은덕을 맞바꾸려는 것 같았습니다. 그것은 부처님의 뜻도, 불교의 가르침도 아닐 것입니다. 만일 석가가 이 광경을 보셨다면 노발대발하셨을 겁니다. 성전의식을 이권에 이용하려는 당시 종교지도자들을 향해 "이것을 걷어치워라. 내 아버지의 집을 장사하는 집으로 만들지 말라(요한복음 2:16)"고 했던 예수님의 말씀도 같습니다.

신은 인간을 사랑하시기 때문에 인간의 자기 결정권을 빼앗지 않으십니다. 인간이 자기 결정권마저 신에게 돌리는 것은 신앙심이 좋은 게 아니라 자기 결정을 존중하지 않기 때문입니다.

◎ **결정력을 높이는 법**

지인이 더 좋은 직장으로 옮기려고 서류를 넣었습니다. 그런데 마음이 여린 그분은 그것이 좀 더 편해지고 연봉을 많이 받으려는 자기 욕망인지, 하나님의 뜻인지 궁금했습니다. 하나님이 하라면 하고 하지 말라면 하지 말아야 하는데, 하나님의 말씀이 귀에 들려오지 않으니 불안합니다.

그분은 서류를 제출하고도, 자기 결정에 대해 갈등을 했습니다. 그의 갈등에는 또 다른 이유가 있었습니다. 지원서를 넣고

보니 그곳에는 대학 후배 몇 사람도 지원을 했던 겁니다. '후배에게 밀릴 수는 없지' 하는 은근한 경쟁심이 발동했습니다. 또 다른 내면의 음성이 들려왔습니다. '넌 좋은 직장에 다니고 있잖아. 더 좋은 곳으로 가려는 것은 욕심이야. 후배에게 양보해 그들의 길을 열어 줘야지.' 신앙적 양심이 제동을 건 것입니다. 넣자니 후배의 길을 막는 것 같아 죄책감이 들고, 안 넣자니 좋은 기회를 놓치는 것 같고. 지원서만 넣었을 뿐 결정도 안 난 일을 가지고 혼자 고민했습니다. 고민을 거듭하다가 저를 찾아왔습니다.

"하나님의 뜻이 어디 있는지 기도 부탁합니다."

"기도하겠습니다."

"만일 하나님이 뜻이 아니라면 서류를 빼겠습니다."

"서류를 넣었으니 최선을 다하는 것이 하나님의 뜻이 아닐까요?"

"하나님의 뜻을 알아야 마음이 진정될 것 같아요."

"하나님의 뜻은 넣느냐 마느냐가 아니라 결과를 감사로 받아들이는 것입니다."

그분은 서류를 넣은 것이 하나님의 뜻을 거스르는 것은 아닌지 하는 불안에서 벗어났습니다. 자기 결정을 존중할 수 없어 생긴 강박적 불안이 좋은 신앙인으로 위장된 사례입니다. 신은 인간에게 부정적 결과도 주시는데, 꼭 긍정적 결과만 얻으려는 사람이 자기 결정을 존중하지 못합니다. 누구나 어떤 결정을 내릴 때는 충분히 생각하고 판단합니다. 그러나 어떤 결정도 인간적 한계는 있게 마련이어서 항상 최선은 아니고, 경우에 따라 최악이 될 수도 있습니다.

인간은 경험을 통해 미래를 예측하지만, 결과는 인간의 경험 너머에 있습니다. 만일 신이 당신의 뜻을 인간에게 다 알려주신다면 모든 것이 예측 가능하니 참 재미없는 세상이 됩니다. 당신의 결정은 당신 안의 신과 함께 내린 것입니다. 결과가 어떤 것이든 당신과 당신을 사랑하는 신이 협력해 선을 이룰 것입니다.

그러니 당신의 결정을 존중하세요. 완전한 결정은 아니어도 완전한 감사는 가능합니다.

2장 너

— 나의 무의식 속 또 다른 나

나와 다르기 때문에
친구가 됩니다

관계의 시작

◎ **어느 날 친구가 낯설어질 때**

그는 친구와 함께 ○○교회를 방문했습니다.

"교회 건물도 크고 성도 수도 많고 주차장도 크고 어쩌면 이렇게 큰 교회를 세울 수 있었는지, 그 많은 돈이 다 성도들의 자발적 헌금에서 나왔다니 종교의 힘은 정말 대단해."

그의 첫 소감이었습니다. 하지만 좋은 외관에 비해 설교자의 설교 내용과 스타일은 영 마음에 와 닿지 않았습니다. 설교란 영혼으로 말하고 가슴으로 듣고 제시하고 생각하게 하는 것이어야 하는데 정반대였습니다. 큰 소리로 주입하듯 강조하는 설교는 가슴에 새길 것도 생각할 것도 없습니다. 이제 선착순 몇 명

남았으니 빨리 물건을 주문하라고 은근히 압력을 넣고, 안 사면 안 될 것 같은 분위기를 조성하는 딱 홈쇼핑 광고 같다고 그는 생각했습니다. 또한 강단 좌우를 왔다 갔다 하는 설교자의 과도한 제스처는 성직자가 아니라 3류 연예인처럼 보였습니다. 그는 그래도 긍정적인 면을 찾으려고 "열정은 있는데 아니야"라는 평가를 내렸습니다. 하지만 친구는 달랐습니다.

"난 저 설교가 참 좋아."

친구는 자기와 같은 성향을 가졌다고 생각했는데, 정반대의 관점에 놀랐습니다. 참 좋아, 아니야, 서로 극단적인 반응이었습니다. 속이야 다르겠지만 오랫동안 비교적 의견의 일치를 보인 사이인데, 이처럼 다른 판단을 내릴 수 있단 말인가?

그는 친구가 낯설게 느껴졌습니다. 내겐 아닌 것을 맞는다고 생각하는 친구는 남이 되었습니다. 오랫동안 속을 나누던 친구인데, 하나의 다름이 이처럼 남남으로 만들 수 있단 말인가? 인간관계란 사귀기는 어려워도 헤어지는 것은 순간임을 깨달았습니다. 그래도 그는 자신의 가치판단이 옳고 친구는 잘못된 판단을 하고 있으니 친구를 자신의 의견으로 끌어들이고 싶은 생각을 포기하지는 않았습니다.

그런데 친구도 그의 속을 들여다보았는지 그와 똑같은 생각을 하고 있었습니다. 그들은 서로의 생각이 다르고 절대 타협할 수 없음을 깨닫고, 설교 건에 대해선 일절 말하지 않는 것으로 무언의 합의를 봤다고 합니다. 아무리 친한 친구이고 사상이 같더라도 극단적으로 다른 면이 있다는 점. 받아들이기 힘든 것을 받아들여야 타인과 소통할 수 있습니다.

◎ 선입견은 의심을 만든다

강의실에서 있었던 일입니다. 한 학생은 기업체 교육과 관련된 직업을 가지고 있었습니다. 기업 교육은 대부분 단기간에 감동을 주고 효능을 입증해야 합니다. 그러니 두고두고 생각할 교육 내용이 아니라 5분마다 기승전결이 반복돼 청중이 이목을 다른 데로 돌리지 않게 해야 성공한다고 합니다. 사후 품질보증보다는 지금 마음을 사로잡아 뭘 들었다는 느낌을 주어야 한답니다. 시원한 청량제 한 병 먹고 개운하다는 느낌, 이런 게 필요한 겁니다. 장기간에 걸쳐 효과를 보는 보양식이 아니라, 입에 착 달라붙는 한 끼 외식이 필요한 겁니다.

속이 뻥 뚫리는 '한 방' 강의에 익숙한 학생은 한 학기에 걸쳐 점진적으로 수준이 높아지는 대학원 수업에 적용하기 힘들었던 모양입니다. 그래서 유명 자기계발 강사를 들먹이며 불만을 표합니다.

"○○○ 강의는 한 번에 쏙 들어오고, 손에 딱 잡히는 게 있어요."

이 말은 학생의 귀가 아카데믹한 대학원 강의로 전환하지 못하고 있음을 보여 줍니다. 그런데 이 말에 대한 저의 첫 반응은 이랬습니다. '저 학생은 학문할 태세가 아주 안 되어 있어. 그래 가지고 어떻게 학위 과정을 한단 말인가?' 이런 생각이 지속되면 그 학생에 대한 선입견을 가지게 됩니다.

선입견은 그가 하는 모든 생각과 행동을 의심합니다. 나쁜 감정의 창고엔 의심이란 명패가 붙어 있습니다. 모든 형식적 관계는 의심으로 채워져 있습니다. 속을 바꿔야 진실한 관계가 됩니다. 이렇게 생각을 바꾸어야 합니다. '저분은 직업이 기업체 교육이기 때문에 학자의 관점으로 사고를 전환할 필요가 없어. 전환해서 논문을 쓰든 안 쓰든 결국 자기 판단일 뿐이야. 다만 내가 할 일은 그의 직업적 사고를 존중하는 것이야.' 물론 그도 자신의 직업을 통해 학문을 보려는 관점에서 벗어나야 합니다.

◎ 관계의 시작은 인정하기

삼척동자의 관점도 타인이 쉽게 바꾸어 줄 수 없습니다. 자기 고집대로 하겠다고 떼를 쓰는 5살 어린이는 그의 무서운 아버지도 이겨먹을 수 없습니다. 상대의 관점을 바꿔 주겠다는 섣부른 생각에서 빠져나와 나와 다른 너를 인정하는 것에서부터 관계가 시작됩니다. 소위 감정 노동자인 전화 상담원은 아무리 말이

통하지 않는 불량 고객이라도 무조건 그의 말도 안 되는 이야기를 들어 주는 훈련을 한답니다. 짧은 시간에 관계부터 맺어야 일이 진행되는데, 관계 맺는 급행열차는 있는 그대로 인정하기입니다.

관계만 제대로 되어 있다면 아무리 큰일이라도 작은 일이 됩니다. 부부싸움이 칼로 물 베기라면 부부관계가 잘되어 있다는 증거이고, 칼로 두부 베기라면 관계가 안 되어 있다는 증거입니다. 그런 부부를 잘 살펴보세요. 상대를 있는 그대로 인정하지 않고 자기 틀 안에 끼워 맞추다가 잘 안 되니까 남남처럼 사는 겁니다. 심지어 단체 카톡방에서 동료들이 내 카톡에 반응하지 않으면 나를 씹는다고 생각해, 다른 사람의 카톡에 의도적으로 악성 댓글을 달면서 분위기를 망치는 경우도 있습니다. 내 말에 상대가 꼭 반응하기를 바라는 태도, 그것은 반응을 보류하거나 거부하는 상대를 인정할 수 없기 때문에 생긴 겁니다.

관점은 사람 수만큼 다양합니다. 어느 하나도 나와 똑같지 않습니다. 심지어 부모 자식간이나 연인도, 강가의 조약돌이나 들의 꽃도 어느 하나 똑같지 않습니다. 하늘의 무수한 별빛도 자세히 관찰하면 어느 것 하나 같은 게 없습니다. 강가의 무수한 모래도 현미경으로 보면 다 다릅니다. "사람들이 다 내 마음 같지 않아"라고 투덜대는 사람을 봅니다. 당연합니다. 다 내 마음 같으면 큰일 납니다. 세상엔 한 사람만 존재하는 것이니까요.

"너는 나와 달라. 그래서 소통할 수 없어."

그러면 세상에 소통할 사람이 없습니다.

"너는 나와 달라. 그래서 난 너에게 관심이 많아."

세상에 소통할 사람이 많아집니다. 독재자가 권력을 사용해 나와 다른 사람을 적으로 만들어 지하에 가둔다면, 민주적 지도 자는 나와 다른 사람을 타협의 테이블로 초대합니다.

"너는 나와 달라. 그렇기 때문에 타협해서 더 좋은 것을 만들 어 낼 수 있어."

이렇게 가는 것이 상생의 원리입니다. 동쪽이 있으면 서쪽이 있고, 위가 있으면 아래가 있습니다. 보수가 있으면 진보가 있는 것은 자연의 원리인데, 나와 다른 관점을 가진 상대를 무슨 원수 처럼 보려는 것은 후안무치입니다. 친구 없는 사람의 특징은 나 와 다른 사람을 사귀려 하지 않고, 같은 사람만 사귀려 하는데, 같다고 생각한 사람도 사귀어 보면 다른 점이 있어 실망하며 떠 나기를 반복합니다. 친구가 많은 사람도 자신과 같은 사람을 선 호하지만, 다른 사람에게도 호감을 가집니다. 그리고 상대에게 서 나와 다른 점이 발견된다 하더라도 그것을 당연한 것으로 받 아들입니다.

다르기 때문에 친구가 됩니다. 이제 더 이상 나와 같은 사람만 찾아 친구로 삼겠다고 시간을 낭비하지 맙시다.

내 마음을 열어야
상대 마음이 보입니다

내 안의 방어기제 내려놓기

◎ 처음 방송에 나가던 날

처음으로 TV방송국에 나가 인터뷰를 하던 날입니다. 다른 분들이 방송 인터뷰를 하는 것을 보고 나름 평가는 해 보았는데, 정작 본인이 평가 대상이 되는 것은 여간 낯선 일이 아닙니다. 그날 아침부터 자기 최면이라도 걸 듯 '자연스럽고 편하게!'를 주문했습니다. '내가 강의 경력이 몇 년이고, 설교 경력은 몇 년인데 그까짓 30분짜리 방송 인터뷰가 무슨 대수겠어.'

막상 스튜디오 안에 들어가니 생전 처음 마주하는 분위기에 눌렸습니다. 눈이 시리도록 밝은 조명, 이리저리 움직이는 카메라, 감시하듯 지켜보는 제작진, 정형화된 사회자의 외모와 말투,

저는 자연스러움을 유지하려 애를 썼습니다. 제작진의 실수로 한 번 "컷"한 것 외에는 일사천리로 진행되었으니 처음 녹화치고는 합격점을 줄 만했습니다. 하지만 아쉬움은 늘 있는 법, 저는 제작진에게 말했습니다.

"한 번 더 하면 잘할 수 있겠어요."

"아닌데요, 잘하셨어요. 한 번도 컷이 없었잖아요."

진짜 잘했다는 것인지, 의례적인 것인지 모르겠지만, 저에겐 2%의 아쉬움이 있는 녹화였습니다.

2012년 12월 31일 방송이 나가던 날, 저는 다른 모든 약속을 뒤로하고 방송을 보아야 했습니다. 그런데 제 인터뷰를 TV화면으로 볼 생각을 하니 용기가 나지 않았습니다. 고맙게도 그 마음을 누가 알아주었는지, 그 시간 뜻하지 않은 중요한 일정이 잡혔습니다. 저는 방송이 끝나는 시간에야 집으로 돌아왔습니다. 아마 제 무의식은 '나중에 홈페이지 들어가 보면 되지' 하고 피했을지도 모릅니다. '나를 아는 누군가 그 방송을 보고 뭐라 말해주겠지.' 합격 점수를 주었다면, 왜 방송 보기를 주저했을까요? 그것은 자신을 공개한 후에 오는 두려움이었습니다. 신참 연극배우가 무대에 서고 난 뒤에 관객 눈치를 두렵게 살피는 것과 같습니다.

이틀 뒤, 저는 여전히 방송 보기를 뒤로 미루고 있었습니다. 그때 조카에게서 카톡이 날아왔습니다. "삼촌 잘하시던데요!"

라며 다시 보기 방송국 사이트 주소를 보내 주었습니다. 이젠 손가락 하나만 누르면 됩니다. 잘했단 말도 들었겠다, 손가락 하나 누르면 되는 일을 뒤로 미룰 필요는 없습니다. 저는 30분 동안 고도의 집중력을 발휘해 방송을 보았고, '처음 하는 것치고는 잘했네' 하고 조카의 판정을 인정했습니다.

두 번째는 시청자의 입장, 세 번째는 비판자의 입장에서 다시 보기를 거듭했습니다. 인기 있는 연사들처럼 시청자를 주무르는 맛은 없어도 제 생각을 차분하고 진솔하게 설명했다는 점에서 만족했습니다. 그리고 지인들에게 카톡으로 퀵서비스를 했습니다. "처음 하는 방송이라 서툴렀지만, 잘 봐주세요"라는 겸손한 문자를 첨부해서. 그리고 약간의 두려움으로 이후 반응을 기다렸습니다.

그 후 의외로 긍정적인 피드백에 놀랐습니다. '그냥 하는 말이겠지' 하면서도 꼭 그런 것만은 아닌 것 같았습니다. 몇 번 방송국 인터뷰를 해 본 지인이 잘했다고 격려해 주었으니까요.

◎ 두드려 보지 않으면 모른다

내가 평가하는 나, 다른 사람이 평가하는 나 사이에는 늘 긴장이 있습니다. 왜일까요? 사람들은 자신을 실제보다 낮거나 높게 평가하기 때문입니다. 그런 평가는 실제가 아니니 받아들여지지 않고, 받아들여졌더라도 들통이 나서 이내 허망해집니다. 갈등이 반복되면 두려움이 생깁니다. 저의 두려움은 경험은 없으나 방송을 잘해야 한다는 의지와 이후 돌아올 평가 사이의 갈등으로 생긴 겁니다.

이론적으로 "난 못하는 사람이니 다른 사람이 뭐라고 하면 어때" 하면 두려움이 없습니다. 하룻강아지 범 무서운 줄 모르는 것은 호랑이가 무서운 맹수인 것과 호랑이가 자신을 한줌 먹잇감으로도 여기지 않음을 강아지는 모르기 때문입니다. 그래서 마구잡이로 달려드는데 이 모습이 하도 귀여워 호랑이가 그냥 지나치는 행운도 있답니다.

이성 교제에 두려움을 심하게 느끼는 사람이 있습니다. 나는 상대가 좋은데, 상대가 나의 사랑을 받아줄까? 두 개의 갈등이 해결되지 않아 이성 교제 자체에 두려움을 느낍니다. 상대는 나를 사랑할 준비가 되어 있는데도 말입니다. 고백해서 거절당하면 인연이 아닌가 보다 하면 그만인데, 거절 자체가 두려워 사랑도 피해 다닙니다. 상대는 나의 그런 태도에 좋아하는 마음을 포기하고 등을 돌립니다.

나의 감정으로 나를 방어하면 상대의 마음도 제대로 읽지 못하고 내 뜻대로 상대를 만들어 버리는 겁니다. 상대의 공격과 방어를 풀 최선의 방법은 내가 먼저 방어의 빗장을 풀고 속을 열어 보이는 겁니다. 정직해질 준비를 하면 두려움이 사라집니다.

사람들은 비난을 받으면 본능적으로 두려워합니다. 빗장을 더 단단히 걸어 닫고 숨거나, 빗장을 열어 더 큰 무기로 상대를 공격하는 방법은 둘 다 두려움을 키우는 것에 불과합니다.

자, 빗장을 열고 비난받을 준비와 비난을 인정할 준비를 하세요. 인정된 비난은 더 이상 비난이 아니라 성장 교육입니다. 두려움은 사라지고 그 문으로 들어온 상대를 환영합니다. 비난의 칼을 들고 들어왔으나 환영받은 그는 칼을 연장으로 바꾸어 나와 함께 밭을 일구고 있습니다. 사람은 비난받을 의무와 비난할 권리가 있습니다. 수용된 비난은 성장 교육입니다.

◎ 거추장스런 옷은 벗어 버려라

성경 잠언에는 부하지도 가난하지도 않게 해 달라는 구절이 있습니다. 부의 방어에 갇혀 있지 않은 이상적인 상태를 말합니다. 사회의 모든 부를 더해 1/N로 나눈다면 부유하지도 가난하지도 않은 상태가 될 것이지만, 그곳은 이 땅에는 없는 유토피아입니다. 그래도 유토피아에 가장 가까운 인류의 역사가 있었다면, 최소한의 자급자족만을 위해 부족이 함께 힘을 모으던 문명 이전의 원시시대입니다. 그때는 돈의 권력화가 없었기에 최소한의 방어로 안전할 수 있었습니다. 문명화는 인간 대 인간 사이에 방어를 두껍게 만들어 신경증 환자를 양산합니다. 신경증은 지나친 방어로 생긴 문명의 병입니다. 지나친 방어는 관계를 깨뜨려 냉혈 사회를 만듭니다.

인간관계 기법을 배우려, 사람들이 자기를 싫어하는데 어떻게 하면 좋게 보일 수 있느냐며 상담실을 찾는 사람들이 있습니다. 첫째, 둘째, 셋째 등 각종 기법을 좋아하는 그들은 기법을 배워도 써먹지 못하고 실망합니다. 그러다 관계 실패의 이유가 본인의 방어기제에 있음을 서서히 깨닫습니다. 눈을 보호한다고 색안경을 낀 것이 다른 사람들을 검게 본 이유임을 발견합니다. 색안경을 벗고 최소한의 색이 들어간 안경으로 바꿉니다. 그랬더니 기법은 몰라도 사람들을 있는 그대로 보게 됩니다.

몸에 두꺼운 옷을 걸치지 않은 사람은 가볍습니다. 가벼운 사람은 상대의 가벼움과 만납니다. 있는 그대로의 관계를 즐기니, 관계에서 지나친 기대나 실망을 하지 않습니다. 겹겹이 두른 옷을 벗고 가벼운 외출옷만 걸친 당신은 아름답습니다. 당신의 아름다움은 상대의 아름다움과 만납니다.

지피지기면 소통 못할 사람이 없습니다. 지피, 남을 알기 위해서는 나의 방어를 내려놓아야 합니다.

상대의 불안부터
읽어 보세요

말 많은 상대와의 대화법

◎ **그는 왜 말이 많아질까?**

한 1년 만에 지인의 사무실을 방문했습니다. 그동안 어떻게
지냈는지, 담소라도 나누기 위해섭니다. 가벼운 인사도 나누기
전에, 그분은 물어보지도 않은 자기 일들을 보고서처럼 읽어내
려갔습니다. 그리고 모든 것이 잘되고 있다며 자기를 치하했습
니다. 혼자 웅변하고, 고개 끄덕일 시간만 겨우 주고 맞장구칠
시간조차 안 주었습니다. 할 말을 한꺼번에 쏟아내 더 이상 할
말이 없어진 그는 어색했던지 그때서야 제 눈치를 살핍니다. 대
화는 상호작용인데, 할 말을 다 해 버린 사람 앞에 무슨 할 말이
있겠습니까.

사람이 말이 많아지는 이유는 두 가지입니다. 하나는 불안한 자기를 방어하기 위함입니다. 모든 유기체는 불안합니다. 불안이 외부로 유출되면 본능적으로 방어기제가 즉각 발동합니다. 동물들도 신변에 불안을 느끼면 변색을 하거나 이상한 소리를 냅니다. 사람은 말을 많이 해서 불안을 방출하려 합니다. 스트레스를 받으면 말이 많아져 각주에 각주를 다는 중언부언으로 이어지는데, 불안하기 때문입니다.

두 번째는 인정받고 싶을 때 말이 많아집니다. 인정받을 것은 없는데 인정받고 싶을 때, 허약한 속을 감추려고 말의 성찬을 벌입니다. 말의 성찬은 진심이 없는 열등감의 표현입니다. 열등감이 재료가 되어 잘 차려진 성찬이 누군가를 또 다른 열등감에 빠뜨린다는 점은 아이러니합니다. 설교 준비가 잘된 설교자는 간결하게 감동을 주고 단상에서 내려옵니다. 준비가 안 된 설교자는 그 열등감으로 청중들의 인정을 억지로 받기 위해 말이 많아집니다.

이런 두 가지 이유에서 상대가 말이 많아진다고 합시다. 나도 인정을 받고 싶거나 열등감이 생기면 상대의 감정에 영향을 받아 똑같이 말이 많아집니다. 이건 대화가 아니라 쌍방의 독백입니다. 싸움이 일어나거나 말한 뒤에 공허해집니다. 공감과 지지가 없는 쌍방의 독백이었기 때문입니다.

◎ 말 많은 상대를 다루는 법

불필요하게 말이 많은 사람을 만나면 자기 관리를 해야 합니다. '저분이 지금 뭔가 불편해서 저러겠지' 하고 상대의 감정에 말려들지 마세요. 그렇다고 전문 상담자처럼 모든 이야기를 다 경청해야 한다는 압박에서도 벗어나세요. 당신에게 중요한 것은 평상심을 유지하는 것입니다. 그러기 위해 상대의 말을 흘려들어도 좋습니다. 평상심이 있어야 경청도 가능합니다. 지금 대화가 일방적으로 흐르는 것은 당신이 아닌 상대 때문입니다. 듣기만 하느라 불편해진 당신의 감정을 다스리는 것이 더 중요합니다. 그렇게 인내심을 가지고 견뎌 내면 상대의 말수가 줄어듭니다. 상대는 진부한 말을 들어 준 당신에게 미안한 마음이 들어 당신에게 보상하려 합니다. 말을 자제하고 기다려 준 당신이 이겼고 친구 하나를 얻었습니다.

저와 같은 일을 하는 지인은 몇 개월 동안 일이 풀리지 않자 매우 힘들어했습니다. 그런데 제가 잘나간다고 판단하고 저를 보는 순간 열등감이 생겨났습니다. 열등감은 본능적 방어기제를 작동시키고, 그것이 '난 잘해'의 많은 말로 나타났습니다. 제가 그보다 잘나간다는 판단, 그것은 추측성 판단에 불과합니다. 그런 것도 아니고, 그렇다 하더라도 제가 그를 무시한 것은 아닙니다. 마음이 만들어 낸 장난에 그는 속았습니다. 만일 제가 불편한 반응을 보였다면, 그는 '나를 무시하는 것이 맞아'라며 저와의 관계에 선을 그었을지도 모릅니다.

'그것 봐, 요즘 좀 나간다고 거만하게 굴어.'

아무리 친한 사람이라도 대화가 불편하게 흐른다면 반응을 유보하고 먼저 그 감정이 누구의 것인지 따져 봐야 합니다. 상대의 것이라면 맞불을 놓지 말고 좀 기다려 주세요. 그러면 그는 평상심으로 돌아와 당신에게 고마움을 표할 겁니다. 그 감정이 내 것이라면, 그리고 상대가 믿을 만한 사람이라면 내 감정을 좀 털어놓아도 좋습니다. 상대는 맞불을 놓지 않고 기다려 줄 것이고 당신은 평상심으로 돌아옵니다. 그러나 그런 상대가 아니라면 침묵하는 게 말한 뒤에 감정을 다스리는 것보다 훨씬 쉽다는 점을 명심하세요.

◎ **들어 주고 기다려 주기**

지인의 많은 말은 한마디로, "모든 것이 다 잘되고 감사해"입니다. 이것은 말잔치에 불과합니다. 모든 것이 잘된 때는 단 한 번도 없었습니다. 심지어 창세 이전에도 흑암과 혼돈이 있었습니다. 인간사 안 되는 일이 있기 때문에 잘되는 일도 있는데, 모든 것이 잘된다는 사람의 말을 액면 그대로 믿지 마세요. 잘 안 되는 나와 비교해 열등감을 가진다면 도대체 그 열등감의 출처는 어디겠습니까? 또한 비교적 잘되는 시기가 있기는 하지만 반드시 안 되는 시기도 오는 법이니 그럴수록 자숙하고 겸손한 게 좋습니다.

"모든 것이 다 안 돼" 하는 사람도 있습니다. 이것은 잘 차린 잔칫상도 엎어 버리는 것입니다. 안 되니, 안 되는 것을 변명하기 위해 불평불만이 많아집니다. 안 된다고 생각하는 사람은 공격적 화법을 주로 사용합니다. 모든 것이 안 되는 것이 아니라 모든 것을 바라보는 당신의 관점에 문제가 있는 겁니다. 창세 이전의 흑암과 혼돈 위에도 하나님의 영은 있었습니다. 좋은 일이 생길 즈음의 꿈속에는 장례식이 자주 등장합니다. 심지어 전쟁의 총성조차도 평화의 메아리를 담고 있습니다. 모든 것이 안 된다는 사람의 심리를 분석해 보면 사람에 대한 깊은 불신이 있습니다. 그는 잘 차려진 잔칫상도 막상으로 만듭니다.

만일 누군가 한 번도 환영받지 못한 그의 막상 발언을 이해하고 신뢰할 만한 관계를 맺어 준다면, 그는 자신이 신뢰받고 있음을 확인하고 안 된다고 한 것 중에서 잘되고 있는 것들을 발견합니다. 잘되고 있음을 발견하면 평상심을 찾습니다. 평상심이 깨지면 말이 많아지는데, 이는 곧 그의 이야기를 들어 줄 사람을 찾는 구조 신호입니다. 불교에서의 평상심은 일체가 마음에 달려 있고, 평상심은 곧 도이고, 도는 문자 너머에 있기에 말수도 줄어듭니다. 우리는 심리적 재난으로 인해 마음의 안정을 찾으려는 사람들에게 전문 구조자는 아닐지라도 민간 구조자는 될 수 있습니다. 많이 들어 주고 핵심 멘트를 하는 겁니다.

그가 말을 거의 마칠 즈음에 저는 딱 한마디를 했습니다.

"사람의 일이란 포물선을 그리죠."

그는 말더듬이가 되어 호주머니에서 스마트폰을 꺼내들고 만지작거렸습니다. 자신의 화법을 반성하고 있었던 겁니다.

남자는 남자고
여자는 여자입니다

이해하면 쉬운 남녀 관계

◎ **연애 박사가 결혼에 실패한 이유**

    대학 친구 중에 자칭 연애 심리 전문가가 있었습니다. 연애 심리학 책 몇 권을 본 것 같은데, 친구들은 연애에 적신호가 켜지면 여지없이 그 녀석을 찾아 자문을 구했습니다. 그렇다고 무슨 기막힌 처방을 내놓는 것은 아니었습니다. 상식 선에서 아는 내용에 확신을 주었고 그럴듯한 사례를 제시하면 연애 내담자는 자신감이 생깁니다.

    물론 그는 연애를 잘하고 있었고, 그가 실패하다가 기사회생한 경험담들은 그를 연애 전문가로 만들기에 충분했습니다. 그는 사전에 준비된 작업으로 그녀가 원했기보다는 그가 원하는 여성을 꼬여 결혼에 성공했습니다. 이루어질 것 같지 않던 이 혼사에 친구들은 혀를 내둘렀고 그는 개선장군처럼 결혼식장에 서 있었습니다. 다 여성 심리를 잘 알았기 때문이라고 했습니다. 그런 그가 이혼했을 때 친구들은 이해하지 못했습니다. 그리고 재혼했으나 또 실패하는 것을 보고 이해하게 되었습니다. 여성의 심리를 너무 잘 아는 것이 화근이었습니다.

여성의 심리는 아는 것이 아니라 이해하고 수용하는 것입니다. 남성이 여성의 심리를 잘 안다는 것은 불가능에 가깝습니다. 심리 이론서나 경험담을 통해 조금 아는 척하는 것에 불과합니다. 동성 간의 심리도 잘 모르는데, 이성 간의 심리를 어떻게 안 단 말입니까? 한 이불 속에서 자고 섹스를 한다고 심리를 아는 것은 아닙니다. 여성의 심리는 알 것 같다가도 어느덧 저만치 달아납니다.

정신분석에서도 여성의 심리는 남성의 심리보다 더 신비로운 방식으로 형성된다고 봅니다. 오죽하면 존 그레이의 《화성에서 온 남자 금성에서 온 여자》가 세계적으로 베스트셀러가 되었겠습니까? 다른 별 출신인 두 명의 외계인이 상대를 잘 아는 일은 원천적으로 불가능합니다. 화성에서 온 남자는 화성으로, 금성에서 온 여자는 금성으로 돌아갈 태세를 갖추고 있기 때문입니다. 안다면 각자의 방식대로 이해한 상대의 아주 작은 부분일 뿐입니다.

◎ 분석하지 말고 이해하라

제가 정신분석학을 하는 사람이니 종종 강의실에서 학생들이 묻습니다.

"교수님은 그동안 저희들을 보아 왔으니 저희 심리를 다 분석하고 계시죠?"

천만의 말씀입니다. 대화로 소통하지 않고 어찌 관상을 보는 것처럼 사람의 마음을 알 수 있단 말입니까? 사람 보는 눈이 있어 척 보면 다 안다는 사람이 자기 재능을 잘 살릴 수 있을 것 같아 상담대학원에 들어오는 경우가 있습니다. 그는 재학 중 나를 알아야 남도 알 수 있다는 심리학의 평범한 진리를 위대한 진리처럼 깨닫습니다. 척 보면 안다는 것은 상대의 모습이 아니라 나의 모습, 혹은 내가 상대에게서 원하는 모습을 투사하는 것에 불과했습니다.

심리치료사는 개인 상담에 오신 분만, 그것도 치료를 위해 필요한 부분만 분석한다는 겸손이 있어야 합니다. 사람의 마음을 다 안다는 생각은 매우 위험합니다. 정신분석 치료에서 최종 분석가와 치료자는 내담자 자신입니다. 저는 분석 능력을 과신하는 학생들에게 이런 말을 합니다.

"심리치료사는 분석이 아니라 이해를 해야 합니다."

그냥 하는 말이 아니라 정말입니다. 심리 치료에서 치료자의 적극적인 분석은 내담자를 저항하게 만듭니다. 치료실이 아닌 일상에서도 분석은 인간관계를 더 꼬이게 만들지만, 이해는 꼬인 것도 풀어 버립니다. 인간은 바다의 신비를 알 수 없고, 과학 기술을 사용해 바다의 아주 작은 일부를 유용하게 사용할 뿐입니다. 사람의 마음도 바다와 같아 분석으로 다 아는 것이 아니라, 밝혀진 일부를 유용하게 사용하는 것에 불과합니다.

두 번의 결혼에 실패한 친구가 은연중에 한 말입니다.

"여성의 심리는 아는 것이 아니라 이해하는 거야. 행복한 결혼은 앎이 아니라 이해다."

◎ **그녀의 마음을 얻는 법**

상담실에 들어온 여성들은 감정 표현을 잘하고, 남성들은 이성 표현을 잘합니다. 여성들은 감정을 표현해 치료됨을 믿고, 남성들은 방법을 알아 치료될 수 있다고 믿습니다. 심리학을 전혀 모르는 여성이라도 치료자에게 이해받으면 치료도 함께 진행된다는 것을 바로 압니다. 반면 남성들은 그 짧은 시간을 앎에 투자해 머리는 무겁고 가슴은 허전해집니다. 여성들은 앎보다는 이해받으면서 존재감이 생깁니다. 남성들은 이해보다 인정받음으로써 존재감을 확인합니다.

부부 갈등은, 아내는 사소한 것이라도 이해받고 싶은데 남편은 이해를 앎으로 대신하려고 해서 생깁니다. 남성이 여성을 알았다며 분석하려는 순간, 여성은 몸을 돌려 제 고향 금성으로 돌아갑니다. 달아난 거리를 좁히는 방법은 논리적 지식이 아닌 토를 달지 않는 이해입니다. 여성이 터프한 남성에게 끌리는 것은 아버지의 힘을 구하는 것이지만 그것은 오래가지 못하고 잠깐 즐기는 이성의 매력에 불과합니다.

여성의 무의식에는 여성 같은 남성을 원하는 더 강한 욕구가 있습니다. 그녀의 엄마가 그녀의 유년기를 품어 주었듯이, 자신을 품어 줄 엄마 같은 남성을 원하는 겁니다. 남성은 생존 원리에 따라 자신을 이해해 준 사람에게 돌을 던질 수도 있습니다. 여성은 자신을 이해해 준 사람에게 돌을 던지는 일이 거의 없습니다.

남성들이여, 여성을 이해해서 여성의 마음을 얻으세요.

여자의 존재는
남성성으로 완성됩니다

여자 사람으로 살아가는 법

◎ **여자도 남자다**

　여성스러움은 어떤 것일까요? 부드러움, 배려, 친절함, 참는 것, 나서지 않는 것, 조용한 말씨, 고분고분한 태도, 헌신 등 대략 이런 것들입니다. 사회는 여성에게 "여자는 여자다워야 해"라고 압력을 행사합니다. 여성성은 선험적인 것, 사회가 여성적인 것으로 규범화한 것, 그리고 스스로 정의한 여성적인 것들로 구성되어 있습니다. 여성이 사회생활을 시작할 즈음에는 사회가 규범화한 여성적인 것들이 그녀를 통제합니다. 결국 여성은 여성스러워야 사회생활을 잘하게 됩니다. 전문 직종에서 일하는 소수를 제외하고 일반적으로 그렇습니다.

인간은 단일한 성만 가진 존재가 아닙니다. 인간의 무의식 안에는 의식과는 반대되는 성이 있습니다. 여성성으로 사회화된 여성의 무의식에는 남성성이, 남성성으로 사회화된 남성의 무의식에는 여성성이 있어 제 존재를 알리려 기회를 노립니다. 양성을 가진 인간은 단일한 성을 요구하는 사회의 배타성과 싸웁니다.

여성은 여성스러워야 한다는 공식은 사회가 만든 것이며, 여기에는 여성을 억압하려는 남성들의 지배 문화가 한몫을 합니다. 가령 수줍음을 잘 타는 얌전한 여성이 있다고 합시다. 사회는 그를 여성다운 여성으로 규범화합니다. 여성성의 집단 문화가 형성되고, 집단으로 문화화된 것은 관습법이라 하여 성문법 이상의 효력을 가지기도 합니다.

여성이 권좌에 오르는 경우는 매우 드뭅니다. 남성들이 여성이 권력을 가지는 것을 집단적으로 거부하기 때문입니다. 남성들이 "여자가 뭘~" 하면, 여성들도 "여자가 뭘~"로 동조하면서 남성 우월의 집단 문화를 만듭니다. 남성들은 그들의 여성, 엄마가 사랑이란 명목으로 지배하고 통제한 어린 시절 경험 때문에 여성이 권력을 갖는 것에 대해 무의식적 두려움을 가지고 있습니다.

이런 두려움은 신화, 동화, 민담 등에서 마귀할멈, 마녀, 요괴 등으로 나타납니다. 그들은 공주를 없애려 하고, 왕자는 공주를 마녀로부터 구원합니다. 힘 있는 여성을 물리치고 힘없는 공주를 품에 안으려는 남성들의 무의식이 반영된 이야기입니다. 남성들은 여성을 '~인 척하는' 실속 없는 공주로 만들어 자신들의 실속을 차리려 합니다. 여성 안의 남성성은 이렇게 억압되어 자유보다는 안전을 택하게 됩니다.

변화의 시기에, 억압된 여성의 남성성이 과잉 돌출되면 여성 우월주의라는 고집스러운 탈을 쓰고 나타나지만 환영받지 못합니다. 여성은 여성으로서의 페르소나를 지키면서 남성성을 보조 수단으로 사용해야 성 정체성을 가지고 남성과 동등한 사회적 위치에 설 수 있습니다. 그렇지 않으니 여성의 사회 진출이 적고 고위층으로 갈수록 여성의 비율은 현저히 떨어집니다.

◎ '여자'인 여자와 '인간'인 여자

그러면 대부분의 여성은 남성성을 억압하면서 산다고 말할 수 있을까요? 꼭 그렇지 않습니다. 원시시대부터 출산을 하는 여성은 양육을 책임져 주로 집안일을 하고, 가족을 부양하는 남성은 사냥하러 밖으로 나갔습니다. 이것은 신의 섭리로서 유전인자로 전수됩니다. 여성이 남성을 능가한다고 젖먹이를 놔두고 밖으로 뛰쳐나가고, 남성이 여성을 돕는다고 집 안에만 있으면 집안 꼴이 어떻게 되겠습니까. 여성은 여성으로서의 페르소나를 가지고 남성성을 살려야 성 정체성과 자기를 실현할 수 있습니다.

가령 국민이 여성을 통치자로 당선시켰다고 합시다. 국민은 오랜 남성 통치 스타일에 염증을 내고 여성 통치 스타일을 원한 것입니다. 그런데 그 여성 통치자가 남성들의 사회에서 권위를 잃지 않으려고 남성 특유의 권위, 직선, 하향식, 배타성, 강압, 명예, 독선 등으로 통치를 한다면 국민의 열망을 외면하는 것일뿐더러 자신의 성 정체성을 포기하는 것과 같습니다.

여성 통치자는 따스함, 부드러움, 배려, 탈권위, 동정, 평등주의, 낮은 자들에 대한 관심, 이해 등 남성적인 것과는 구별되는 것을 통치 기반으로 삼아야 국민의 요청에 부응합니다. 그래야 퇴임 후에 "여성 통치자는 역시 다르다"는 피드백을 받고, 국민은 다음 여성 통치자에게 표를 줄 준비를 합니다. 그런데 그녀가 "남성 못지않은 강성 통치자야" 하는 피드백을 받는다면 이는 칭찬이 아닙니다. 국민이 여성 통치자에게 거는 기대를 거부한 것입니다.

전업주부가 있다고 합시다. 그녀가 "난 여성이니 집안일만 잘하면 돼" 한다면? '집안일만'은 자기를 비하하는 표현입니다. 자기 비하는 희생과 헌신의 탈을 쓰고 등장하나, 그 내면은 억울함이 억압되어 있습니다. 두 개의 인격이 갈등을 일으키면 공허해집니다. 공허는 반동 현상으로 돌출 공격성을 만듭니다. 여성이 집안일을 소중히 여기고 거기서 자존감을 찾는 능력은 여성 내면에 있는 남성성에서 나옵니다. 즉 남성성이 잘 발현된 주부는 자신의 일에서 자존감을 얻지만, 남성성이 억압된 주부는 자신의 일을 열등하다고 여깁니다.

전자의 여성은 결정적 순간에 가사를 가족들에게 분담시키고 사회로 진출해 자신의 삶을 살 수 있고, 그럴 준비를 합니다. 반면 후자의 여성은 가족들에게 가사를 분담시키는 것이 직무유기인 것 같아 사회에 진출하지 못하고, 자녀들이 성인이 되어 더 이상 엄마의 희생을 요구하지 않을 시점에 우울증을 손님으로 맞습니다. 내가 왜 이렇게 인생을 살아왔는지 후회하지만 시간은 저만치 앞서 가 버렸습니다. 그러나 늦었다고 생각할 때가 항상 가장 빠른 법, 그때부터라도 남성성을 사용하는 진취적 삶을 계획해야 합니다.

◎ **디아나 콤플렉스를 넘어서**

여성의 억압된 남성성은 고집쟁이, 사소한 것도 덮지 못하고 화내는 것, 상황에 맞지 않는 원칙주의, 일의 성과만 중시하는 독불장군, 까칠함, 남성 콤플렉스, 극단적 페미니스트 등으로 제 존재를 알리려 합니다. 이처럼 여성의 자아가 무의식의 남성과 동일시된 현상을 '디아나 콤플렉스'라고 합니다.

디아나는 그리스의 여신 아르테미스의 로마식 이름입니다. 아르테미스는 수렵에 능한 당당한 처녀신입니다. 사냥꾼 악타이온은 아르테미스가 목욕하는 모습을 몰래 훔쳐보았습니다. 이에 흥분해 공격적이 된 여신은 과잉반응으로 사냥꾼 악타이온에게 저주를 내려 그가 키우는 사냥개에 물려죽게 합니다. 이 처녀신은 무시무시한 분노를 가졌습니다.

디아나 콤플렉스에 빠진 여성은 남성에게 의지하지 않고 독선과 고집쟁이가 되어 결혼을 하면 남편을 비남성화합니다. 디아나 콤플렉스는 여성 안의 남성성이 인격으로 통합되지 못해 나타난 현상입니다. 고삐 풀린 경주마를 기수가 통제하지 못하는 격입니다.

까칠하기로 소문난 중년 여성이 있습니다. 그녀는 그 성격 때문에 다른 여성들과 관계 맺기를 잘 못합니다. 반면 그녀의 공격성을 허용하는 남성들과는 그런대로 관계를 맺습니다. 하지만 일과 관련해서는 남성들과도 갈등을 빚습니다. 원칙론 때문입니다. 원칙론자의 제안은 항상 맞지만, 맞는 것이 항상 타당하지는 않습니다. 변칙이 원칙보다 공동체를 발전시키는 덕목이 될 수도 있음을 원칙주의자는 모릅니다.

그녀는 원칙과 상황의 타협을 불의나 비굴로 여겨 실현 불가능한 원칙을 고수하며 갈등 상황을 주도하지만 본인은 그것을 잘 모릅니다. 바로 디아나 콤플렉스입니다. 성장기에 그녀의 아버지 혹은 다른 남성으로부터 영향을 받은 것입니다.

먼저, 남성은 남성다워야 하듯이 여성은 여성다워야 합니다. 그리고 그 여성성이 세상에 든든히 선 나무가 되게 하는 것은 그녀의 남성성입니다. 여성의 자기실현은 강요된 여성성과 남성의 견제를 뚫어야 꽃을 피웁니다. 그녀의 여성성은 존재이고, 남성성은 존재감입니다. 여성의 자기실현은 반드시 그녀 안에 있는 남성성의 도움을 받아야 합니다. 남성성은 알아주지 않으니 낯설고, 거부하니 추하게 보이지만, 각각의 희망을 다 가지고 있습니다.

독일 민담 〈개구리 왕자〉는 낯설고 추한 개구리가 공주의 키스로 왕자가 되는 이야기입니다. 여성들의 내면에서 작업을 걸어 오는 낯설고 추해 보이는 개구리 같은 것들, 그것은 공주가 왕비로 성장하는 데 없어서는 안 될 필요충분조건입니다.

한때는 누구나 부모 속 썩이는 자식이었습니다

부모만이 할 수 있는 사랑

◎ 막가는 딸, 조급한 엄마

엄마는 외동딸을 홀로 키웠습니다. 남편에게 줘야 할 믿음을 딸에게 다 쏟았고, 딸이 잘되기를 기도했습니다. 그런데 사춘기 딸은 공부와 멀어지고 학교를 그만두려 해서 엄마는 애를 먹었습니다. 겨우 달래고 달래 예능대학에 진학시켰으나, 한 학기 만에 딸은 대학을 중퇴하려 했습니다. 엄마는 어려운 일을 마다하지 않고 딸 하나 보고 살아왔는데, 딸은 엄마의 기대를 매몰차게 무너뜨리는 악동이 되었습니다. 몇 번의 학사경고와 출석일수 부족의 위기 상황에서도 딸은 태연하고 엄마만 발등에 불이 났습니다. 엄마가 불을 끄려 뛰어다녔기에 딸은 대학 졸업장을 겨우 손에 쥘 수 있었습니다.

자식을 키워 본 경험이 없는 심리치료사는 "딸의 인생은 딸의 것이니 중퇴를 하든 퇴학을 당하든 알아서 하게 두세요"라고 말할 겁니다. 엄마의 간섭이 없어지면 딸은 제 일을 알아서 하게 될 것이다, 딸이 그렇게 된 것은 엄마의 과잉 간섭 때문이다, 이런 공식을 가지고 있습니다.

공식이 맞는다고 칩시다. 그래서 그렇게 했는데, 결국 딸이 대학을 중퇴했다고 합시다. 마땅히 취업할 곳이 없어 아르바이트만 하다가 30세를 넘겼다고 합시다. 그 다음에도 좋은 공식이 기다리고 있나요? 공식은 만들어 나가는 겁니다. 엄마는 학교에 안 간다며 떼를 쓰는 다 큰 딸과 아침마다 전쟁을 치르며 졸업시켜 난해한 숙제 하나를 겨우 마쳤습니다. 취업은 호사입니다. '저래서 어떻게 직장을 다니겠어, 제 앞가림도 못하는데.' 엄마는 딸이 조용히 취미생활이나 하다가 시집이나 가기를 원했고, 그때부터 엄마는 딸에 대한 기대와 간섭을 포기하고 자기 인생을 살기로 했습니다.

이 내막을 잘 아는 저도 딸을 걱정했습니다. 피해망상 장애에 사로잡혀 사람들과 어울리지 못하는데 어떻게 사회생활을 합니까? 딸에게 취업은 하늘의 별입니다. 피해망상을 일으키는 편집성 성격장애는 치료하기가 쉽지 않은 마음의 병입니다. 대학까지 졸업한 다 큰 딸이 집에만 있는 꼴을, 엄마는 보기 힘들어 자기 일을 더 열심히 했습니다. 그리고 '언젠가는 좋아지겠지' 하는 막연한 기대를 절대 포기하지 않았습니다. '그냥 기다려 주자. 만사는 다 때가 있는 법인데 우리 딸은 좀 늦을 뿐이다'는 믿음을 가졌습니다. 사실 그런 믿음 외에는 달리 할 수 있는 방법이 없었습니다.

◎ 기적이 일어나는 순간

처음부터 그런 믿음을 가진 건 아닙니다. 딸의 치료를 위해 할 수 있는 모든 것을 해 보고 포기하는 과정에서 생긴 막연한 믿음 같은 것입니다. 포기는 있는 그대로 받아들이겠다는 것, 진정한 포기는 포기 그 이상의 힘이 있습니다. 인간적 노력은 다했다, 이제는 그 이상의 힘이 필요하다, 나는 그 힘을 기대하지만, 이대로도 나와 주변을 받아들이고 사랑하겠다! 이것은 포기가 아니라 인생에 대한 깊은 통찰입니다.

딸이 대학을 졸업한 후 3년 만에 엄마의 목소리는 전화기를 통해 밝게 들려왔습니다.

"선생님, 우리 ○○○이 생활을 아주 잘하고 있어요. 학원강사로 나가고 개인 레슨도 하러 다닙니다."

누구나 할 수 있는 평범한 일이 엄마에겐 기적이었습니다. 딸을 아는 사람들에게, 특히 사람 심리를 치유하는 사람들에게 그것은 확실히 기적입니다. 일어날 수 없는 일이 일어나서 기적이 아니라, 엄마의 온갖 아픔을 겪고 피어난 꽃이기에 기적입니다. 온실에서 꽃이 피었다면 기적이 아니지만, 바위에 꽃이 피었다면 기적입니다. 뿌리를 내릴 수 없는 바위에 뿌리를 내렸기에 기적이 아니라, 그 딱딱한 바위에 뿌리를 내리기까지 불가능한 일들을 시도해 꽃을 피웠기에 기적입니다. 기적은 일어날 수 없는 일이 어느 날 '짠'하고 나타나는 마술이 아닙니다. 인간으로서 할 수 있는 모든 것을 다한 후에 더 이상 할 수 없어 포기했는데 뜻밖의 결과가 나타나는 것이 기적입니다. 기적은 하늘이 돕고 사람이 만듭니다.

농부가 아무리 열심히 씨를 뿌리고 잡초를 제거하고 거름을 줘도 봄에는 절대 결실하지 않습니다. 가을을 기다려야 결실하는데 결실의 질은 과정에 달렸습니다. 농부의 정성을 먹은 한 톨의 씨앗은 물리적, 화학적 변화를 거쳐 수십 수백 배의 열매가 됩니다. 그것은 기적입니다. 농부는 식물을 자식 다루듯 하고, 자식보다 더 많은 시간을 투자해 돌봅니다. 땅에 떨어진 한 톨의 씨앗은 농부의 아픔과 기다림을 먹고 자랍니다. 한 끼 밥을 기도로 먹으라는 것은 밥이 곧 기적이기 때문입니다.

자식이 태어난 기쁨은 잠시입니다. 식물인간과 다름없는 갓난아이가 독립적인 존재가 되기까지 부모는 얼마나 많은 아픔의 세월을 보내야 하는지, 자식은 부모가 되어서야 압니다. 부모들이 '자식은 나를 아프게 하려고 태어났다'고 하는 이치를 받아들이면 그것보다 더 큰 위로는 없습니다.

부모가 자식을 당신의 영광으로 삼으려, 자식에게 보상받으려 하는 것은 순리가 아니라 역리입니다. 모든 역리는 일어나서는 안 될 일들을 만드는 주범입니다. 자식이 성공했더라도 자식의 금관이 곧 부모의 금관이 될 수 없고, 그렇게 믿는 사람은 자신의 그림자에 가려 자신의 인생을 허비하는 것이나 마찬가지입니다. 자식의 것을 내 것처럼 입소문 내고 다니는 사람들, 다 자신의 빈속을 위로받으려는 것입니다.

자식이 보여 주는 금관보다 직접 만들어 쓰는 밀짚모자가 부모에게 더 큰 행복을 가져다 줍니다. 부모가 그런 깨달음에 도달하려면 반드시 아픔의 터널을 지나야 합니다. 자식을 위해 아픈 수고를 다한 후에 오는 깨달음, '자식은 부모 마음대로 안 되는구나.' 너나 나나 다 알고 있지만 깨달음은 아픔 뒤에야 찾아 옵니다.

바로 그 시점은 자식이 첫 번째 철드는 것과 부모가 두 번째 철드는 것이 만나는 지점입니다. 그 지점은 또한 기적이 일어나는 시점이고 기적은 특별하게 오는 게 아니라 소중한 어떤 것을 내려놓음으로써 일어나는 평범한 것입니다. 기적은 하늘에서 땅으로 내리는 순리인데, 땅에서 하늘로 오르는 역리의 기적을 기대하기 때문에 기적이 없습니다.

초등학교 때는 엄친아였던 아들이 중학교 2학년이 되면서 도 끼눈이 되어 부모와 싸울 태세를 갖춘 전투병이 되었습니다. 가 장 큰 문제는 공부입니다. 정규 수업보다 더 힘든 학원 수업에 지친 아들, 다들 그렇게 하고 있으니 포기할 수도 없는 일. 아들 은 일탈을 하고 싶은 분노를 부모에게 퍼붓고 있었습니다. 부모 입장에서는 '이놈이 사내인데, 나중에 가정을 부양해야 하는데, 이렇게 공부를 안 해서 장래가 어떻게 되겠어' 하고 걱정합니다. 그래서 학교 상담실을 찾아갔더니, 상담 교사가 "아들이 원하는 대로 놔두세요. 공부를 하든지 말든지 그 책임을 아들에게 지게 하세요. 꼴찌를 해도 놔두세요. 아들 스스로 의지를 가져야 합니 다"라고 하더랍니다.

말은 맞지만, 그런데 부모가 어떻게 그럴 수 있느냐는 겁니다. 상담 교사는 자기 아들이 꼴찌를 하는데 가만히 기다려 줄 수 있단 말입니까? 중학교 2학년이면 사춘기의 절정이 시작됩니 다. 자녀는 부모를 가만히 두지 못합니다. 그렇다고 부모가 철없 는 자녀를 그대로 둘 수는 없는 일. 하지만 해법이 없습니다. 이 경우 저는 이런 처방을 내립니다.

"자녀에 대한 개입을 50%만 줄이세요. 그러면 자녀는 '어, 우 리 부모가 달라지셨네' 하는 느낌을 가집니다. 바로 그때 부모

자식의 관계가 개선되면서 완전하진 않지만 해법이 보입니다. 격한 시기가 지난 훗날, 자식은 그런 자기를 믿고 기다려 준 부모에게 감사할 겁니다."

50% 줄이는 것, 부모에겐 엄청난 아픔입니다. 그러나 자식은 부모를 아프게 하려고 태어났다는 점을 인지한다면 얼마든지 받아들일 수 있습니다. 현명한 부모는 다 너 잘되라고 하는 소리라면서 당신의 아픔을 교육이란 명목으로 자식에게 밀어 넣지 않습니다. 밀어 넣는 것은 당장 어떤 결과를 기대하기에 반드시 갈등을 유발합니다.

우리 아이는 부모가 하라는 대로 척척 알아서 하기 때문에 어려움이 하나도 없다는 부모가 있습니다. 자녀는 부모의 하위체계 기계 부속품이 아닙니다. 척척 다 하는 것이 아니라 불편한 감정을 속으로 억압하고 있는 겁니다. 억압된 것은 언젠가는 의식으로 나올 것이고, 그렇게 성공한 자녀는 후에 심리적 홍역을 반드시 치릅니다. 인생에는 월반이 없습니다. 이전의 발달 시기에 거치지 않은 것은 이후에 더 큰 장애물로 나타납니다.

교육으로 가장해 내 것을 상대에게 밀어 넣는 것은 일종의 폭력입니다. 참된 교육은 옳은 것을 가르치고, 가르친 것이 체화될 때까지 참고 기다리는 아픔이 수반되어야 합니다. 따라서 교육은 교육자와 피교육자의 쌍방 인내와 수고를 필요로 합니다. 힘을 가진 사람은 자신의 뜻을 관철시키기 위해 교육이란 명목으로 폭력을 휘두르고, 이런 행태는 사회 전반에 나타납니다.

자, 부모들도 성장기에는 당신 부모의 아픔이었음을 명심하세요. 우리 부모가 견디고 기다려 주었기에 우리는 지금 부모가 되어 있습니다. 우리 때는 그렇지 않았다는 기성세대가 많습니다. 맞습니다. 그때와 지금은 비교할 수 없을 만큼 문화적 차이가 큽니다. 그대의 피를 이어받은 전투병인 아들도 그때 태어났다면, 그대처럼 모범생이었을 겁니다. 한때 모범생이었던 당신도 지금 태어났다면 그대의 아들처럼 전투병이 되었을 겁니다.

자식 또한 무한한 공급자로만 여기던 부모가 실은 많은 결핍과 아픔을 가진 존재임을 알아차리면서 철이 듭니다. 그때까지 부모가 먼저 자녀 양육의 아픔을 받아들이는 것이 순리입니다. 자식은 부모의 등골을 빼먹고 삽니다. 빼먹을 때 빼먹어야 삽니다. 그 자식도 후에 부모가 되어 그들 자식에게 자신이 빼먹은 등골을 돌려줍니다. 순리입니다.

자식은 부모의 애를 태우려고 태어났습니다. 부모는 이것만 깨달아도 자녀 교육 절반 이상은 성공합니다.

하늘이 내려 준
인연은 없습니다

아름다운 부부의 관계법

◎ 습관을 고치기 힘든 이유

어떤 습관은 고치기 쉽고 어떤 습관은 제2의 천성이라 불릴 정도로 고치기 힘듭니다. 의식적으로 인지된 습관은 얼마간의 노력으로 고칠 수 있습니다. 그러나 무의식적인 것은 의식적으로 인지되기 전에는 고쳐지지 않습니다.

지각이 잦은 학생이 있다고 합시다. 원인이 단지 늦게 자는 것이라면, 일찍 자는 습관을 들이면 지각을 안 할 수 있습니다. 마음먹기에 달린 일입니다. 반면 마음을 아무리 먹고 일찍 자고 일찍 일어나도 꼭 지각할 일이 생기는 경우가 있습니다. 그 학생은 남는 시간을 지각으로 바꾸어 버립니다. 규칙을 세우고 상벌을 주어도 쓸데없는 짓입니다.

이 경우 지각의 원인은 무의식에 있습니다. 무의식적인 것은 자각할 수 없기에 의지만으론 교정이 안 됩니다. 학생은 학교 가는 일이 싫어서 유년기의 엄마 품으로 돌아가고 싶었습니다. 학교를 가야 한다는 의식적인 노력과 엄마 품으로 돌아가려는 무의식적 욕구가 싸웠으나, 퇴행의 욕구가 이겼습니다. 무의식에 비해 의식은 빙산의 일각이라 합니다. 눈에 보이는 작은 빙산의 움직임은 그 밑의 거대 빙산에 달렸습니다. 빙산의 일각이 거대한 얼음덩이를 움직이지 못하고, 거대 얼음덩이가 빙산의 일각을 움직입니다.

◎ **신혼은 왜 늘 싸울까?**

결혼 3개월째인 남편에게 고민이 생겼습니다. 다들 과분한 아내를 얻었다고 부러워하고 그 역시 행운아라고 생각했는데 막상 결혼하니 엉뚱한 곳에서 문제가 터져 나왔습니다. 아내를 사랑하는데, 옆에 있으면 미운 생각이 자꾸 듭니다. 미운 이유를 따져 보았으나 이렇다 할 것이 없습니다. 아내의 용모가 미운가? 그의 아내는 보통 이상의 미모를 지니고 있습니다. 아내의 몸매가 아닌가? 아내의 몸매는 에스 라인입니다. 아내의 지적 수준이 떨어지나? 아내는 좋은 대학을 졸업했습니다. 아내에게 직업이 없나? 아내는 프리랜서 전문가로 활동하고 있습니다. 그런 아내가 무능하고, 또한 무능한 주제에 남편을 통제한다고 느껴질 때가 많습니다. 무능한 여성이 나를 통제한다, 그러면서 남편은 아내가 미워집니다.

　그런 생각에 한참 빠진 후에는, 남편은 아내에게 미안한 생각이 듭니다. 그러면, 변심은 혼자 하고 가만히 있는 아내를 복구하려고 어색한 행동을 취합니다. 아내는 낌새를 알아차리고 불편한 심기를 드러냅니다. 남편은 자기의 복구 행동을 받아 주지 않는 아내가 원망스럽습니다. 아내를 원망하는 마음은 이내 자기에게로 향해 자신이 뭘 잘못했다는 생각이 듭니다. 급기야 '우린 연분이 아닌가 보다'라는 극단적인 생각에 사로잡힙니다. '서로 원해서 결혼한 것이 아니라, 우린 운명의 장난으로 결혼한 거야.' 정말 그런 것 같아 비운을 비관하며 우울 모드로 있다가, 그런 터무니없는 생각을 하는 제 인격이 유치해 민망스럽기도 합니다. 남편의 머리에 꼬리에 꼬리를 물고 나타났다 사라지는 가학적이고 피학적인 생각들, 이것은 습관이라 하기엔 너무 깊이 박혀 있습니다.

　왜 그럴까요? 무의식에 각인된 어린 시절의 경험 때문입니다. 그의 부모는 자주 부부싸움을 했습니다. 그러면 철없는 아이는 무의식중에 '부모가 싸우는 것은 나 때문이야!' 하는 생각을 키웁니다. 쓸데없는 죄책감이 생겨 자존감이 떨어집니다. 아이는 아버지보다는 공감 능력이 있는 엄마와의 애착관계를 원하는데, 그의 엄마는 좀 냉담한 성격입니다. '부부싸움을 자주 하니까 아이들이 불안하겠지, 그러니까 내가 아이들을 더 따뜻하게 대해 줘야지' 하는 생각을 못합니다. 마음은 남편을 떠났습니다. 아이들에게 "너희들 때문에 내가 산다. 너희들이 크면 난 떠날 거다"라는 위협으로 엄마의 괴로움을 발산하곤 했습니다.

그가 고등학교를 졸업할 무렵 부모는 이혼했습니다. 다 짜진 각본대로 일이 진행되었기에 아플 감정도 남아 있지 않았습니다. 그의 성장기는 결핍된 애정을 채우려고 엄마를 그리워했고, 자식의 그리움을 채워 주지 않은 엄마를 미워했습니다. 양가감정은 그립고 미운 엄마에 대한 것이었습니다.

자, 남편은 엄마에 대한 양가감정을 아내에게 돌리고 있었습니다. 엄마에 대한 미움으로 아내를 이유 없이 미워하고, 엄마를 찾는 그리움으로 아내를 보상하려 했습니다. 이런 각본이 지켜지지 않으면 어린 시절 잦은 부모 싸움에서 비롯된 '모든 게 나 때문이야'라는 감정의 도가니에 빠집니다.

이런 예기치 못한 감정의 출현을 정신분석에서는 전이라고 합니다. 습관이 인격의 문제는 아니지만, 습관이 인격의 문제로 취급될 수 있습니다. 개선은 의지적 노력이나 교육으로도 잘 안 됩니다. '아버지 학교'에 가서 어떤 통찰을 얻어오긴 하지만 가정으로 돌아오면 예전으로 돌아갑니다.

결혼 초의 성격 차이로 인한 갈등의 주범은 바로 전이입니다. 남편이 아내에게 유년기 감정을 옮기듯이, 아내도 그렇게 합니다. 전이는 대상을 나의 욕구로 사용하려는 이기적인 것입니다. 연애 기간이 길었다면 전이로 인한 성격 차이로 여러 번 싸웠을 것이고, 그러면서 상대방에 대한 신화를 내려놓는 과정을 거쳤을 것입니다.

신화를 내려놓는 작업은 전이에 대한 기대를 내려놓는 것과 같습니다. 그런 결혼은 신화가 없어 싱겁다 할 수 있으나, 신화가 없으니 현실에 바탕을 둔 사랑을 할 가능성이 높습니다. 연애 기간이 짧거나, 연애 기간이 길어도 서로를 열어 보이는 대화 없이 결혼한 커플은 신혼 초 성격적인 갈등이 큽니다. 최소한 봄, 여름, 가을, 겨울, 1년 4철을 다 겪고 난 후에 결혼하라고 합니다. 상대에게서 나타날 모든 감정을 겪어 보란 말입니다.

외관상 평화로운 부부보다는 싸우더라도 대화를 하는 부부가 건강한 이유는 전이 감정을 객관화시키고 자신을 성찰할 수 있는 기회가 많기 때문입니다. 인내심과 억압은 다릅니다. 전자가 내공을 키우는 것이라면, 후자는 분노를 참는 것입니다. 속에서 참으니 더욱 주관적인 감정이 되고, 주관적 감정은 이성을 잡아먹어 객관화되지 않은 신념을 만듭니다. 이 신념을 테이블에 올려 객관화하고 남의 이야기를 듣고 자신을 성찰할 수 있는 방법은 대화입니다.

억압을 잘하는 부부는 안에 시한폭탄을 키우는 꼴이고 언젠가는 크게 폭발합니다. 싸우기를 잘하는 부부는 가정을 전쟁터로 만들어 총성이 오가게 하고, 아이들도 불안하게 합니다. 억압은 유년기 유치한 감정의 무덤을 만드는 것이고, 싸움은 유년기 유치한 감정의 원색적 표현입니다. 이 둘이 지속되면 부부 갈등은 고조되는데, 보통은 성격 차이로 돌리며 '너는 너, 나는 나' 식으로 삽니다.

◎ **천생연분은 만들어 가는 것**

갈등을 푸는 방법은 대화를 통해 '내 안의 너, 네 안의 나'를 발견하는 것밖에 없습니다. 여행을 하고 외식을 해도 그것이 자체의 목적이 되면 안 되고, 대화의 수단이 되어야 부부 갈등은 평화로 바뀝니다. 그렇다고 전이 감정이 완전히 없어져 부부가 일심동체가 되는 것은 아닙니다. 그런 부부는 있지도 않거니와, 만일 있다면 유년기 엄마와 동일 형태로 퇴행한 상태이며 서로 성장하지 못합니다.

누구나 예전 부모와의 관계에 얽혀 있듯이 전이 감정에서 완전히 자유롭지 못합니다. 그런 남남이 한 가정을 꾸렸으니 갈등이 있는 것은 당연하고, 갈등은 대화를 하라는 신호입니다. 대화가 또 다른 갈등을 몰고 온다는 사람도 있습니다. 대화란 쌍방의 것이 오가고, 오간 것으로 나와 상대를 들여다보고 피드백을 교환하는 것입니다. 아무리 많은 말을 주고받았다 해도 상대의 이야기를 경청하지 않거나, 일방적이거나, 싸움으로 시작해 싸움으로 끝난다면 대화가 아닙니다. 이 경우 대화는 갈등을 증폭합니다.

어쩌면 그렇게 부부가 다르냐고 원망할 필요가 없습니다. 애당초 꼭 맞는 부부는 없습니다. 스파이크 존즈 감독의 영화 〈그녀(her)〉에서 아내와 별거 중인 주인공 테오도르는 컴퓨터 운영체제(OS)인 여성과 연애에 빠집니다. 그녀는 몸만 없을 뿐 상상 속의 성관계를 포함한 모든 것에서 테오도르와 하나가 됩니다. 테오도르는 생애 처음으로 이해받고 사랑하는 대상과 하나가 되는 짜릿한 행복을 누립니다. 그러나 그것도 한시적, 둘의 갈등은 표면화됩니다. 이후 테오도르는 그녀를 떠나 아내와 재회합니다.

상상 속의 여인을 떠나 현실의 아내와 다시 관계를 맺는다는 것이 영화의 교훈입니다. 주인공이 운영체제 여성에게서 경험한 것은 그의 엄마에게 원했으나 받지 못한 완전한 공감입니다. 즉 완전하게 경험하는 전이 감정입니다. 그는 운영체제 여성과 아무리 많은 대화를 해도 전이 감정을 완전히 충족시키는 것이 불가능하다는 것을 깨닫고 본래의 아내에게 돌아갔습니다. 즉, 이혼으로 갈 수 있는 부부가 전이에서 벗어나 다시 새롭게 만나는 과정을 영화는 잘 다루고 있습니다.

부부는 어차피 다릅니다. 행복한 부부는 타고난 것이 아니라 맞춤에 성공한 부부입니다. 불행한 부부는 결혼을 잘못한 것이 아니라 맞춤에 실패한 부부입니다. 도예공은 진흙을 수없이 주물러 진흙의 본성과 싸워 도자기를 만들어 냅니다. 부부는 수없이 많은 언어 혹은 언어 이전의 침묵의 대화로 어울리는 두 개의 도자기를 만들어 냅니다. 같은 도자기가 나란히 있는 것보다도 서로 다른 도자기가 나란히 있는 게 보기 좋습니다.

부부는 일심동체가 아니라 서로 나란히 마주 보는 이심이체입니다.

기교는 불화를,
헌신은 화음을 만듭니다

서로 다른 너와 나의 노래

◎ **인생은 사랑을 꿈꾼다**

인생과 사랑은 떼놓을 수 없는 바늘과 실의 관계입니다. 어느 것이 바늘이고 실인지 구분할 수 없을 정도로 둘은 하나입니다. 인류의 잠언은 '인생은 사랑이다' 혹은 '사랑이 곧 인생이다'로 인생과 사랑의 관계를 매듭짓습니다. 맞습니다. 누구나 그렇게 되기를 희망하지만 현실은 그것과 동떨어져 있습니다. 인생은 사랑이고 사랑은 인생이라고 말할 정도로 우리의 삶은 낭만적이지 않습니다.

저는 이렇게 말합니다.

"인생은 사랑을 꿈꾸는 거야."

꿈이나 꾸는 게 인생이라면 인생이 그리 유쾌한 것은 아니잖아요? 그런 겁니다. 인생을 유쾌하게 살아가는 사람은 드뭅니다. 애당초 꿈인 줄 알았더라면 인생에 대한 태도가 달라졌을 것이지만, 항상 중요한 것은 나중에 깨닫습니다. 나중에 깨달은 것일수록 중요합니다. 자, 꿈입니다. 어떻게 할까요? 꿈속에서라도 손에 잡을 수 있는 것들의 촉감을 느껴 보고 이에 감사하는 것이 좋지 않겠습니까? 태생부터 욕심쟁이인 인간의 손은 바로 앞의 것은 놓쳐 버리고 먼 것을 잡으려 합니다. 그 먼 것, 가까이 다가가서 잡으려 하면 그것은 더 먼 곳으로 도망가니 인생과 사랑은 늘 아쉬운 그리움으로 남습니다.

◎ 어떤 '4중주'

인생과 사랑, 도대체 이 바늘과 실의 실체는 무엇일까요? 야론 질버먼 감독의 예술영화 〈마지막 4중주〉는 음악을 통해 인생과 사랑을 설명합니다. 영화 속의 각기 다른 등장인물들은 그들만의 인생과 사랑의 방식을 가지고 있습니다. 영화는 등장인물의 망원경으로 인생과 사랑을 전체적으로 조망하는 역할을 합니다.

제1바이올린 연주자가 있습니다. 그의 튀는 성격은 푸가 현악 4중주가 세계적인 연주단으로 발전하는 데 결정적 기여를 합니다. 그는 팀의 연주력을 선도하는 중요한 자리에 있고 그 역할을 훌륭히 해 냅니다.

무대에 선 그는 신기로 연주하고 그 별난 개성이 천재적인 음악성으로 입증받기에 충분하지만, 무대를 내려오면 사랑을 갈구하는 어린이가 됩니다. 갈구는 하지만 어린이답기에 성숙한 사랑은 할 수 없습니다. 그에겐 따뜻한 사랑이 필요하지만 재능이 뛰어난 그에게 사랑은 너무 멀리 떨어져 있습니다. 그만 동료의 딸과 사랑에 빠져 버리는 엉뚱한 일을 저지르고 맙니다. 그는 사랑의 소박성을 깨닫지 못하고, 사랑에서조차 천재성을 구한 사랑의 보헤미안입니다. 신은 인간에게 좋은 것만 주지 않았습니다. 어느 한 분야에서 천재라고 해서 다른 분야에서도 천재는 아니었습니다. 바이올린 천재가 사랑에는 미숙아였습니다.

제2바이올린 연주자가 있습니다. 연주단에서 그가 맡은 역할은 제1바이올린을 잘 받쳐 주는 겁니다. 조력자인 그는 '2'의 분노와 열등감을 가지고 있었습니다. 이것은 강한 조명에서 빗나간 어두운 공격성으로 표현됩니다. 공격성은 그의 삶을 유지하고 원하는 사랑도 얻어 내는 데 활용됩니다.

그는 고독한 천재인 제1바이올린 연주자와는 달리 사랑하는 사람과 결혼해 행복의 조건을 갖추었습니다. 하지만 '1'에 대한 반동으로 형성된 성격으로 인해 그의 삶은 복잡하게 꼬입니다. 그는 연주와 삶에서 마이너리티 콤플렉스를 벗어던질 수 없었습니다. 그는 가진 것을 즐기지 못했기에 행복의 소중한 자산인 아내, 딸, 가정 모두를 마이너리티로 만들어 버립니다. 어느 한 분야에서 열등하다고 해서 다른 분야에서도 열등한 것은 아닌데, 사람들은 그렇게 생각하기에 행복의 파랑새를 바로 앞에 두고도 놓칩니다.

비올라 연주자는 위 두 남성들 틈에 낀 여성입니다. 비올라는 바이올린보다 조금 더 크고 차분한 음을 냅니다. 그러나 혼자서는 소리의 진가를 발휘하지 못하고 제1과 제2바이올린의 앞서가는 소리를 부드럽게 받쳐 주는 모성과 같은 소리로 제 역할을 합니다.

모성은 어린 자녀가 있어야 활활 타오릅니다. 홀로 있는 모성은 사랑의 대상을 찾는 음산한 마녀가 될 수 있습니다. 모성과 마성, 이 둘은 남성들에게 다 필요합니다. 비올라를 연주하는 줄리엣은 두 남자 사이에서 삼각관계로 얽히는데, 한 여자를 한 남자만이 좋아할 수 없는 것은 필연입니다. 이 고약한 법칙이 남녀 간에 사랑의 고리가 되어 여성의 부드러운 모성에 뾰족한 가시를 돋게 했습니다. 모성이 마성을 통제하지 못하면 그 모성마저 길을 잃고 방황합니다. 줄리엣은 제1과 제2바이올린 사이에서 사랑의 고민을 합니다.

그녀가 마침내 제2바이올린 연주자를 사랑의 대상으로 선택했으나, 그 선택이 또 다른 사랑의 고민을 만듭니다. 한 여성이 한 남자를 선택해 다른 남자는 버림을 받습니다. 두 명의 남성은 줄리엣을 통해 품어 주는 모성과 거절하는 마성을 동시에 경험합니다. 사랑의 연금술사는 결핍을 품은 채 사랑을 단련시킵니다.

첼로 연주자 피터는 이들의 스승입니다. 첼로는 남성 목소리 톤과 가장 가까운 현악기입니다. 이 중후한 톤은 위 세 악기가 하나의 화음을 이루게 하고, 하나 된 화음을 청중들에게 전달하는 신비한 힘을 가지고 있습니다. 삼각관계로 토라진 작은 악기의 찢어지는 소리는 그의 육중하고 차분한 소리에 묻히지 않으면서도 음악의 다양성과 개별성을 들려줍니다.

첼로는 그 크기에서도 두 악기의 몇 배나 되듯 확실한 차별성이 있습니다. 첼로의 특성이 투사된 피터에게 사랑은 성적인 것과 낭만적인 것을 넘어서는 헌신입니다. 그는 파킨슨병을 앓으면서도 가장 연주하기 힘들다는 베토벤의 현악 4중주 14번을 마지막 연주곡으로 선택했습니다. 인생과 사랑에 대한 그의 헌신이 선택한 곡입니다.

관객들은 그의 성공적인 연주를 기대하고 박수칠 준비를 하고 있었습니다. 그러나 연주 중 박자가 빨라지는 중요한 부분에서 그의 활은 더 이상 악보를 따라갈 수 없었습니다. 이대로 계속 연주하면 푸가의 명성에 먹칠을 할 것입니다. 그는 대리 연주자를 세우고 푸가 연주단에서 은퇴를 선언합니다.

◎ 우리는 모두 미완성들

뭐든 다 포용하고 해 낼 수 있을 것 같던 첼리스트에게 기적은 없었습니다. 영원할 것 같은 그의 인생과 사랑에도 마침표가 찍혔습니다. 기적이 일어나지 않은 게 바로 기적입니다. 인생의 어느 순간에 마침표를 찍고 물러나는 사람만이 이후 새로운 문장을 다시 쓸 수 있습니다. 인생과 사랑의 경기에서 승리는 기교가 아닌 각자의 일에 대한 헌신임을 보여 줍니다.

무대 아래의 관중은 현악 4중주 연주자와 같이 사랑을 찾는 나그네입니다. 그들은 미완성인 그들의 인생과 사랑을 찾기 원해 객석을 채웠습니다. 연주자들은 그들의 미완성 곡인 인생과 사랑을 연주함으로써 관중들의 미완성 곡인 인생과 사랑을 만났습니다.

당신의 인생과 사랑도 언제나 미완성입니다. 그러나 동료 연주자들과 함께라면 미완성인 것들로 하나의 화음을 이룰 수 있습니다. 인생과 사랑은 미완성, 다만 각자의 개성을 살려 하나의 화음을 내는 것입니다. 사람과 사람의 관계는 언제나 미완성, 다만 각자의 개성을 살려 하나의 화음을 이루는 것입니다. 기교는 불화를, 헌신은 화음을 만듭니다.

3장 우리

— 가면 쓰기의 무한 변주

우리 사이의 거리,
어느 정도가 적당할까요?

거리 두기의 기술

◎ **엄마와 딸의 이유 있는 전쟁**

사람과 사람 사이(personal space)는 얼마가 좋을까요? 너무 떨어져 있으면 남남이고 너무 가까우면 침범입니다.

딸은 자신의 방을 쓰레기장으로 만들고 집을 나섭니다. 엄마는 바빠서 그러겠지 하고 깨끗이 청소합니다. 그것도 하루 이틀이지 엄마의 인내심은 한계에 다다릅니다.

"네가 몇 살인데 방 하나 못 치우고 다니니?"

딸은 가만있지 않습니다.

"못 치우는 게 아니고 안 치우는 거야. 누가 치우라고 했어. 놔 둬."

엄마는 딸의 쓰레기장 같은 방을 놔두지 못합니다. 가끔 딸의 물건을 정리한다며 버리거나 옮기기도 합니다. 저녁에 딸이 집에 들어오면 모녀간에 큰 소리가 오갑니다.

"왜, 내 방을 엄마 맘대로 건드리는 거야?"

청소하고도 좋은 소리 못 듣는 엄마도 화나는 건 마찬가지입니다.

"방이 그 꼴인 걸 어떻게 가만두니?"

딸이 스스로 방을 치울 때까지 기다려야 함을 웬만한 엄마는 다 압니다. 그러나 모성은 원래 좀 지나친 것. 모성이 사랑으로 방을 치워 준 걸 딸은 침범으로 받아들입니다. 엄마는 사랑을 선택하고 딸은 엄마의 사랑을 침범으로 여기기를 반복합니다. 이걸 옆에서 보고 있던 아버지는 아주 쉽게 말합니다.

"좀 내버려 둬, 지가 알아서 하든 말든!"

말은 맞지만 정서는 다릅니다. 모성과 부성은 근본적으로 다릅니다. 모성은 침범을 사랑으로, 부성은 무관심을 분리로 만드는 재주를 가지고 태어납니다. 이러한 부모의 양극은 자녀를 양육하고 분리 독립시키는 데 필수 영양분입니다.

입을 다물고 있어 그렇지, 위와 같은 일은 일반 가정에서 흔합니다. 어떻게 할까요? 딸이 사춘기 이후라면 엄마는 가급적 손을 안 대는 것이 좋습니다. 아들이 그의 공격성을 일탈 행동으로 표현한다면, 딸은 방 안 치우기로 그녀의 공격성을 표현합니다.

시간이 없어서가 아니라 발달 과정에서 일어나는 일들입니다. 그들은 엄마의 사랑을 침범으로 받아들입니다. 딸은 엄마의 사랑을 침범으로 여기면서, 실수와 실패를 통해 홀로 서는 통과의례를 거칩니다.

◎ 하나였다가 둘이 되는 고통

이 기간에 모녀의 갈등은 엄마에게 의존하면서도 거부하려는 딸의 양가감정 때문입니다. 엄마 역시 중년기의 내적 성장에 성공하려면 자식에 대한 리비도를 거두어야 하는데, 이는 엄마의 의무를 회피하는 게 아닌가 해서 무척 힘들어합니다. 그동안 모녀는 연합했으나 이제는 각자의 공간을 만들어야 합니다. 하나가 되는 것이나 분리하는 것 모두 에너지가 필요한데, 분리는 더 힘든 일입니다. 품 안의 자식은 만족하나, 품을 떠난 자식은 섭섭해하는 것과 같습니다.

생애 초기 엄마와 유아 사이는 둘 다 만족하는 융합 관계입니다. 만 3세가 지난 유년기 아동은 엄마와 분리를 시도하나 힘의 논리에 따라 엄마의 안전한 울타리에 갇힙니다. 안전을 대가로 무한할 것 같은 아동의 자유는 구속돼 이 시기 아동은 짜증을 잘 냅니다. 그러나 여전히 의존 관계가 우선합니다.

초등학생 때는 본격적으로 사회화가 시작되는 시기인데, 이

때는 가정을 중심으로 의존과 분리 양쪽을 오갑니다. 가정을 중심으로 하기에 아동은 여전히 엄마의 울타리 안에 있고 엄마에게 할 말이 많습니다.

사춘기 이후에 자녀는 이전에 의존했던 것들을 공격함으로써 격한 분리를 시도합니다. 그들의 중심은 가정이 아니라 또래집단입니다. 그들의 이야깃거리는 더 이상 가정이 아닌 또래집단에 있습니다. 그들의 정체성은 가정이 아니라 또래집단과 접촉하는 사회에서 이뤄집니다.

성인이 된 자녀는 열등한 상태에서 동등 관계입니다. 그들은 상호 신뢰와 책임의 바탕 위에 서 있습니다. 이때 부모와 자녀의 사이는 더없이 중요합니다. 양육자와 피양육자 관계가 아니라 돌봄을 주고받고 의논하는 관계입니다.

이처럼 생애 주기에 따라 부모와 자녀의 개인적 공간은 다릅니다.

◎ **좁히기와 넓히기**

가족이 아닌 사람과 사람 사이도 좁혔다 늘렸다 하면서 정들고 성장합니다. 여성을 유난히 잘 챙기는 남성이 있습니다. 여성들은 고맙기는 한데 어떤 때는 징그럽다고 합니다. '이 사람이 혹시 다른 생각이 있어 그런 거 아냐' 하는 의심이 듭니다. 알고 보니 흑심은 아니었습니다. 본인에게 모성 결핍이 있었고, 그것을 해결하는 방식으로 여성에게 따뜻한 사람이 되었습니다.

그에 대한 평가는 엇갈렸습니다. '따뜻한 남자'로 보는 사람이 있는 반면 '징그러운 사람'으로 평가하는 사람도 있습니다. 그는 엄마와의 애착 부재로 사람과 사람 사이를 너무 좁히려 합니다. 대개는 배려를 하는 것이지만, 상대가 지나친 배려로 느낀다면 침범일 수 있습니다. 반평생 인격의 일부가 된 이런 성향은 잘 바뀌지 않습니다.

그러나 나이가 들수록 다양한 관계를 맺으면서 그의 '관계 좁히기'가 먹히지 않을 때가 있습니다. 그는 원하는 만큼 관계가 좁혀지지 않으면 마음에 상처를 받습니다. 그리고 뒤로 물러서곤 합니다. 그는 관계를 너무 좁히지 않으면서도 관계를 맺는 방법을 배워야 합니다. 한편으론 관계를 좁히면서 관계 맺는 방법을 익혀야 할 사람도 있습니다.

'귀요미'는 타인의 관심을 불러일으켜 나와 타인 사이를 좁히려는 욕구가 만든 신조어입니다. 귀요미는 타인의 시선을 집중적으로 받습니다. 귀요미의 원조는 '너무 예뻐 눈에 넣어도 안 아픈 자식'입니다. 눈에 넣으면 자식이 아픈데, 엄마는 자식을 눈에 넣어 소유하고 싶을 정도로 예뻐합니다. 사람과 사람 사이에 경계가 없는 상태입니다.

귀요미는 더 이상 성장하지 않고 엄마 눈의 소유물로 돌아가고 싶은 한국판 피터팬 욕망이라고 할까요? 집단 퇴행의 욕구가 반영된 귀요미는 엄마의 시선을 구합니다. 삶이 힘들수록 엄마의 시선으로 들어가 사람과 사람 사이를 좁히려는 원초적 퇴행 욕구가 우리에게 있습니다. 그리고 거기서 나와 사람과 사람 사이의 긴장과 갈등을 받아들여야 사회의 일원이 됩니다.

정신병자는 사람과 사람 사이의 긴장과 갈등을 받아들일 수 없어 사람을 피하는 방어기제로 인해 사회의 일원이 될 수 없습니다. 성격장애자는 사람과 사람 사이의 긴장과 갈등을 처리할 수 없어 너무 좁히거나 멀리해 인간관계에 어려움이 있어 사회의 일원으로 고통스럽게 사는 사람들입니다. 낯선 사람을 만나면 처음에는 거리감을 유지하면서 자기를 지켜야 하고, 안전하다고 판단한 후에는 거리를 좁혀 관계를 맺을 수 있어야 합니다.

처음 가는 낯선 장소에서 사람들은 경계심을 갖습니다. 그 장소가 익숙해져야 자기를 노출하고 타인을 받아들일 준비를 합니다. 자기를 위해 좀 더 많은 에너지를 사용해야 할 시기에는 사람과 사람 사이는 좀 더 멀리, 자기와의 관계는 좀 더 가까이해 내면을 살펴야 합니다. 변화를 위한 인생의 중요한 주기가 여기에 속합니다.

사람과 사람 사이는 천편일률적일 수 없고, 사람과 상황, 생애 주기에 따라 각기 달라야 합니다.

겸손하면
따뜻한 사람이 됩니다

까칠한 관계, 따뜻한 관계

◎ 까칠한 교수님들

제가 대학 다닐 때 미국에서 학위를 받고 갓 귀국한 젊은 교수 두 분이 계셨습니다. 두 분은 은근히 경쟁하며 서로의 학문을 발전시켰습니다. 두 분의 성격은 전혀 달랐고, 그에 따라 따르는 학생들도 구별되었습니다. 한 분의 외모는 까칠한 훈장이셨습니다. 일부 학생들은 샤프한 학자상이라며 그분을 좋아했습니다. 다른 분의 외모는 따뜻한 형님이었습니다. 일부 학생들은 형님 같은 교수라며 그분을 좋아했습니다. 이후 두 분은 각각의 특성대로 나간 것 같습니다. 전자는 학자의 야망으로 높은 지위에 이르렀고, 후자는 따뜻한 형님으로 개성 있는 이론을 펼치는 사상가가 되었습니다.

학생은 교수를 이상적으로 봅니다. 교수들에게 실제 이상의 것을 기대하며 학문적 포부를 키웁니다. 아마 전자의 교수는 이상적인 면을 고수하려고 제자들과 일정한 거리를 두었을 것이고, 후자의 교수는 제자들과 함께 어우러지며 거리를 좁혔을 것입니다.

졸업 5년 후, 우연한 기회에 후자의 교수를 만났는데 저를 잘 모르면서도 어찌나 친절하게 대하던지 형님이라고 부르고 싶을 정도였습니다. 반면 교내에서 우연히 전자의 교수를 만났고 그분은 저와 개인적 관계도 있는데, 저의 반가운 인사에 근엄한 표정으로 고개만 끄떡여 제가 무안할 정도였습니다. 젊어서는 까칠한 인품이 매력적으로 끌리겠지만, 나이 들어서도 그렇게 사람을 대한다면 그것은 그의 인격을 반영하고 있는 게 아닐까요?

모 대학 계절 학기에 있었던 일입니다. 담당자는 학생들의 자기 성장을 위하여 상담학을 개설했습니다. 어떻게 하면 학생들이 전공 이외 과목인 상담학에 흥미를 가질 수 있을까를 고민하며 교과목을 구성하고 강사를 초빙했습니다.

계절 학기를 마치고 강사의 통장에 강사료가 입금되었습니다. 경리과의 착오였던지 담당자가 처음에 제시한 강사료보다 적게 입금되었습니다. 다른 교수들은 애초 담당자와 경리과의 의사 전달에 착오가 있다고 판단했지, 별 이의를 제기하지 않았

습니다. 한 분만이 강사료가 처음에 제시한 것보다 적다고 담당
자에게 문자를 보냈습니다. 담당자는 경위를 설명하며 죄송하
다고 문자를 보냈습니다. 그런데 돌아오는 답문이 좀 아니었다
고 합니다.

'제 강의가 좀 부실했다고 생각했는데, 이렇게 되니 덜 미안한
생각이 드는군요.'

담당자는 불쾌한 마음을 억누르고 '죄송합니다. 의사 전달 과
정에 착오가 있었던 것 같습니다'라고 문자를 보냈고 그날 근무
시간 내내 불편했다고 합니다. 자신의 강의 부실을 그렇게 다른
사람에게 불편한 감정으로 표현해야 마음이 편할까요?

물론 살다 보면 상대의 감정을 배려하지 못하는 경우도 있습
니다. 하지만 사소한 문제에도 핏대를 세우면 그는 까칠한 인격
으로 취급당합니다.

◎ **삶에 겸손해지기**

감정을 억압하며 살아온 사람들이 힘을 얻으면 상대를 배려
하지 않는 까칠한 사람이 되곤 합니다. 그는 자존감 회복이라고
하겠지만 이는 이전 억압에 대한 보상입니다. 자신은 회복이지
만 보상하는 사람 입장에서는 그가 과거에 그랬듯이 빼앗기는
경험을 합니다. 개구리 올챙이 적 시절 모른다고 합니다.

까칠함은 공격적 관계 맺기의 특성입니다. 유아기는 엄마와 융합되어 있기에 까칠함이 엄마의 무조건적 따뜻함에 흡수됩니다. 미운 4살이라고 하는 오이디푸스 콤플렉스 시기의 아동은 부모에 대한 사랑과 미움의 양가감정을 가지고 있습니다. 아동은 떼를 쓰면서 부모와 관계 맺기를 합니다. 이때 부모의 지나친 훈계는 아동을 더욱 까칠하거나 순응하는 인격이 되게 하고, 부모의 수용과 놀이는 아동을 따뜻하고 창조적이게 합니다.

초등학생 시기의 아동은 까칠함을 무의식에 억압하고 사회화를 위한 노력합니다. 그러다가 사춘기에 접어들면 다시 까칠함을 무기로 꺼내듭니다. 자신의 존재감을 과시하는 관계 맺기의 출현입니다. 성인기에는 까칠함을 따뜻함으로 통합해 양자의 극단을 피하고 적당히 사용할 줄 압니다. 그런데 까칠함이 인격의 중심이 된 사람의 성장사를 탐색하면, 까칠함의 근거인 공격성이 수용받지 못했거나 지나치게 허용되었기 때문입니다.

중년기에는 그동안 억압된 감정들이 다시 한 번 의식에서 소용돌이칩니다. 이 시기에 따뜻했던 사람이 까칠해지거나 까칠했던 사람이 따뜻해지며 변화를 위한 마지막 질풍노도기를 보냅니다. 이때의 질풍노도기는 사춘기의 것과는 달라 일반적으로 반사회적 특성으로 나타나지는 않습니다. 할 일은 하고 갖출 격식은 다 갖춘다는 말입니다.

중년의 무의식은 그동안 무시하고 살았던 정신요소를 의식으로 보내 제 존재를 알아 달라고 신호를 보냅니다. 인생 후반을 위한 중년의 변화는 외적 사건과 맞물려 내면에서부터 일어납니다. 통합이 잘된 중년기의 인간관계 맺기 기술은 따뜻함입니다. 아무리 까칠한 사람도 중년기 홍역을 치르면서 대개는 따뜻한 사람이 되지만, 이 과정이 성공적이지 못하면 그 인격 그대로 노인이 됩니다. 노인은 잘 변하지 않습니다.

까칠한 사람은 자기에 대한 냉철한 통찰과 따뜻한 사람과의 인격적 만남을 통해 따뜻함을 인격으로 통합할 수 있습니다. 링컨이 40대 얼굴에 책임을 지라고 한 것은 그때는 40대가 중년이었을 것이고, 중년의 인격은 인생 후반을 위한 완결판과 같은 것이기 때문이라고 심리학적 주석을 달 수 있습니다. 참고로 평균 수명과 노동 수명이 연장된 현대의 중년은 60세, 혹은 자기 통찰 능력을 가진 분은 65세까지 연장해서 봅니다.

중년 이후의 따뜻함은 그를 둘러싼 타인, 세상, 우주와의 관계에까지 확대됩니다. 그는 인간의 능력과 한계를 잘 알고, 겸손히 수용하는 태도를 가집니다. 불치의 병과 죽음까지도 따뜻하게 맞이하려는 강한 내적 신념이 탄생합니다. 심지어는 신에 대한 개념도 이전의 일방성에서 벗어나 다양성과 깊이를 더합니다.

경쟁이 두려우면
관계도 없습니다

우정과 경쟁 사이

◎ **그는 왜 외톨이가 되었을까?**

'인간은 열등감을 보상하기 위해 권력을 추구한다.'

아들러의 개인 심리학을 빌리지 않아도 인간은 대소사에 권력 지향의 본성을 드러냅니다. 심지어 형제간에도 부모의 권력을 조금이라도 더 얻으려고 서로 경쟁합니다. 교실에서 학생들의 선의의 경쟁은 교사에게 인정받아 교사 밑의 권력 서열에서 교우들에게 밀리지 않으려는 것과 무관하지 않습니다. 언제 어디서든 작은 집단이라도 만들어지면 그 안에서 권력 지향적 경쟁 관계가 형성됩니다. 에덴동산에서 인간이 하나님과 같아지려는 욕망은 일종의 권력욕이고, 그들의 아들인 카인과 아벨도 부모의 혈통을 이어받아 하나님으로부터 나오는 권력에 대한 집착 때문에 형제간에 경쟁하며 최초의 근친 살인을 저지릅니다. 인류의 발달사는 권력 지향의 경쟁사입니다.

중학교 때부터 록 음악에 깊이 빠진 친구가 있었습니다. 당시 팝송을 듣는 일은 흔하게 있어도, 학교를 빼먹거나 식사를 거르면서까지 록 음악에 미친 아이는 거의 없었습니다. 그에게 록 음악은 신의 음성이나 다름없었습니다. 그는 록의 가사가 아니라 가락을 즐겼고, 가사는 몰라도 그 음악을 즐기는 데 전혀 지장이 없었다고 했습니다. 그는 록 음악의 빠른 멜로디와 괴성에 마취되었습니다. 하루 종일 골방에 틀어박혀 라디오를 끼고 AFKN을 청취하는 것이 그에게는 학생으로서 해야 할 그 어떤 것보다 중요했습니다.

그는 점점 은둔형 외톨이가 되어 갔고, 저만의 고유한 안경으로 세상을 보는 이단자가 되었습니다. 고등학교를 겨우 졸업해 취업은 했지만, 그의 이단자 기질은 한 직장에 오래 다니지 못하게 했습니다. 그는 경쟁 사회에서 사람들과 경쟁하는 것을 저급한 삶, 자기 주장을 굽히는 것을 비굴한 타협이라고 생각했습니다. 그럴수록 그는 그의 귀와 정신을 자극하는 록 음악의 세계에 깊이 빠져들었습니다. 그에게 록 음악은 잠깐 기분 전환하는 은신처가 아니라 현실을 외면하는 도피처였습니다.

그를 40대 중반에 다시 만났습니다. 그는 도시의 한 지하실을 사무실로 얻어 '소리의 자존감'이란 이름을 걸고 오디오 기기를 세팅하는 일을 하고 있었습니다. 업계가 현대적 전자음으로 진입하자, 그는 음악의 원음을 재생하는 진정한 방법으로 고전적 오디오 구성을 고집했습니다. 그것이야말로 마니아의 바른 자세라 했습니다. 영업을 위한 전략이나 기획에는 관심이 없고 그의 방식대로 원음을 재생하는 방법에만 관심이 있었습니다. 어차피 전자 장비를 통해 들리는 소리인데 원음이 있기나 한 것인지 모르지만, 그의 고집은 양보할 수 없는 독선이었습니다. '진짜 소리는 이거야' 하는 그만의 자존심이 그를 지켜 주었습니다. 돈벌이가 될 리 없었고, 사무실은 그의 독방 음악감상실이 되어 버린 것 같았습니다.

그만의 음악에 대한 고집은 25년 전이나 지금이나 똑같았습니다. 변한 것이라고는 록 음악이 클래식으로 대체된 것뿐입니다. 그는 25년 만에 만난 친구의 근황에는 전혀 관심이 없었고, 그가 광적으로 좋아하는 자기 음악 세계에 대해서만 떠들었습니다. 나는 친구가 아닌 친구의 낯선 음악 세계를 만나러 온 사람이 되었습니다. 그는 가장으로서, 부모를 모시는 아들로서 의무를 다하지 못하고 있었습니다. 당장 막노동이라도 해서 식비와 아이들 학비라도 벌어야 했습니다. 그러나 그에게는 자기만의 음악세계에 빠져 자기만의 자존감을 치켜세우는 일이 항상 더 중요했습니다.

◎ 경쟁을 배우지 못한 불행

친구의 성장사를 잘 아는 나는 그럴 만한 이유가 있음을 압니다. 그는 두 형제 중 첫째로 태어났습니다. 친구 부모는 유독 첫째에 대한 편애가 심했습니다. 어린 나도 이상하다 싶을 정도로 둘째에게 애정을 주지 않았습니다. 친구의 엄마가 저희 엄마에게 하시는 말씀을 몰래 들었습니다. 둘째는 원하지 않은 임신이었고, 그래서 마치 주워 온 아이 같았고, 둘째 때문에 첫째가 박탈감을 갖는 것을 원치 않아 첫째를 편애했고 둘째는 미워하게 되었다는 사실을 말입니다.

이러한 부모의 편애를 알아차린 동생은 초등학교 때부터 사고뭉치가 되었고, 상대적으로 얌전한 첫째는 더욱 사랑을 받았습니다. 친구는 그 당시 맏이가 갖는 보통의 책임감도 없었고, 동생이 받아야 할 사랑마저 독차지하는 행운 아닌 행운을 누렸습니다. 가족은 하나같이 사고뭉치 동생을 따돌렸고, 형은 왕자 대접을 받았습니다. 형은 아무 잘하는 것 없이 그저 말썽만 안 부려도 부모의 사랑을 독차지했습니다.

그의 사춘기 공격성은 사랑을 조건으로 억압되었습니다. 오죽했으면 친구들이 '새색시'라고 불렀겠습니까? 그는 또래집단의 경쟁이 본격적으로 시작되는 사춘기에 경쟁을 포기하고 음악에 빠져들었습니다. 음악은 무조건 그의 손을 들어 주는 엄마였습니다. 음악은 '얌전하게만 있으면 괜찮아' 하고 달래 주는 엄마의 소리였습니다.

그는 중년이 돼서도 "얌전해서 좋아"라며 경쟁 관계에 진입하지 못하는 자신을 격려하는 '엄마 음악'으로 돌아갔습니다. 그만의 음악 세계는 엄마와 분리하지 못한 허울 좋은 포장지에 불과합니다. 경쟁을 포기한 그는 사회의 일원이 될 수 없었습니다. 뛰어난 예술가라면 그의 예술 세계로 사회의 일원이 될 수 있지만, 불필요한 자존심만 내세우는 그의 삶은 점점 무기력으로 떨어졌습니다. 그는 친척 간의 재산분쟁에서도 마땅한 지분을 챙기지 못하고 뒤로 물러났습니다. 그 분쟁이 치졸하다는 겁니다. 치졸하지 않게 살려는 그는 스스로는 우아했을지 몰라도 그의 가족은 많은 어려움을 겪었을 겁니다.

◎ **진실한 벗은 싸움터에서 만난다**

사람들은 경쟁자를 적이라며 싫어합니다. 그런데 살다 보면 항상 경쟁자를 만나고 경쟁자와 싸웁니다. 싸워 승리했거나 경쟁자를 내 편으로 만들었다고 합시다. 그러면 얼마간은 평화가 오지만 결코 오래가지 않습니다. 태평성대의 역사는 속에서 썩어 고름이 나게 마련입니다. 변화하는 환경 속에서 긴장과 경계를 늦추지 않아야 생존합니다. 항상 경쟁자가 있어야 생존의 이유가 생기고 최소한의 윤리도 지켜집니다.

최초의 경쟁 관계는 형제 관계를 통해 터득합니다. 짐승 새끼가 어미젖을 놓고 경쟁해 강한 놈과 약한 놈이 분리되듯이, 형제는 서로 경쟁하고 싸우면서 더 큰 경쟁의 장을 준비합니다. 요즘 한 가족 한 자녀가 많은데, 그들이 무르거나 나약하다면 싸울 형제가 없어 경쟁을 모르고 컸기 때문입니다.

제가 초등학교 다닐 때 친구들끼리 싸우면 "싸우면 키 큰다"며 응원을 했습니다. 생명체는 싸워 이겨야 할 경쟁 대상이 있어야 삽니다. 애완견은 싸워 이길 경쟁 상대가 없습니다. 하다못해 길고양이와 대치하는 상황도 없습니다. 그저 주인을 사랑하고 사랑만 받는 강아지로 족합니다. 개의 본성을 잃었습니다. 사람의 본성은 경쟁 관계 안에서 더욱 빛납니다. 경쟁 관계는 본성의 관계성과 창조성을 실험합니다.

1998년 대한민국을 얼어붙게 한 IMF 금융위기 때 중년 남성의 노래방 1위곡은 조용필의 〈킬리만자로의 표범〉이었다고 합니다. 한 마리의 표범이 평원에서 어슬렁거리는 하이에나처럼 썩은 고기를 놓고 싸우는 것이 싫어 눈 덮인 킬리만자로 봉우리를 향해 가는 이야기입니다. 모든 일이 여의치 않은 중년 남성을 위로하기에 아주 좋은 가사입니다. 표범의 결과는 뻔합니다. 동사입니다. 비굴하게 없는 일거리를 찾아다니며 절망하느니 차라리 현실을 피해 산을 올라가는 킬리만자로의 우아한 표범이 되고 싶은 겁니다.

그러나 100% 죽는 수가 아니라 1%의 사는 수를 찾아야 합니다. 아무리 치졸한 싸움이라도 싸워야 한다면 싸우면서 사는 것이 인생입니다. 적과 싸우다 보면 적이 아군이 되고, 내가 또한 누군가의 적이 되어 사람 사는 것이 특별하지 않음을 발견합니다. 물론 특별한 상황에서 자신의 가치를 지키기 위해 비굴하게 구느니 차라리 멋있게 물러나는 순간도 가끔 있습니다. 하지만 보통 상황과 보통 사람의 일생에는 그렇게 사느니 떳떳한 죽음을 선택해야만 할 경우는 거의 없습니다.

고독하고 외로운 낯선 설산은 재충전을 위한 잠깐의 휴식처입니다. 온갖 포식동물이 있는 평원에서 경쟁하며 사는 것이 인생입니다. 그런데 하늘은 인간에게 양심을 선물로 주어 이 경쟁이 그렇게 삭막하지만은 않고, 훈훈한 바람도 불게 합니다.

"위험한 곳으로 와라, 그러면 안전한 것을 보여 주겠다."

"주저하는 것을 하라, 그러면 원하는 일을 발견할 것이다."

하늘의 소리는 이렇게 역설적입니다. 이 또한 경쟁에 뛰어든 사람만이 경험합니다. 당신의 진실한 벗은 산이 아니라 산 아래에서 만납니다.

지혜로운 사람은
유머로 소통합니다

관계의 윤활유, 유머

◎ **농담 한 마디의 힘**

노아의 홍수 시대에 있었던 일입니다. 노아는 각종 짐승들을
방주 안으로 들이기 위해 일렬종대로 서 있게 했습니다. 때는 삼
복더위입니다. 하늘에서 불가마가 내려와 건조한 땅을 다 태워
버릴 기세입니다. 이때 개미 한 마리가 인상을 쓰더니 고개를 뒤
로 돌려 코끼리에게 한마디 했습니다.

"야, 밀지 좀 마라, 더워 죽겠다."

한 학생이 학교를 땡땡이치고 엄마 목소리를 흉내 내어 담임
교사에게 전화를 했습니다.

"선생님, 우리 아이가 열이 40도까지 올라 오늘 학교에 못 갔

습니다."

목소리를 수상하게 여긴 담임교사가 물었습니다.

"그런데 전화하시는 분은 누구신가요?"

당황한 학생은 얼른 말했습니다.

"저, 우리 엄마인데요."

웃어야 될까요, 말아야 될까요? 망설이다 웃지 못합니다. 남들은 다 웃는데 억지로 웃음을 참는 것인지, 웃어야 할 이유를 몰라서인지, 어색하게 입만 찡긋거리다가 마는 사람이 있습니다. 혹은 우스갯소리는 저급한 것이라 여겨 아예 입을 다물기로 작정한 사람도 있습니다. 그들은 웃음이 삶의 고소한 양념임을 잘 모릅니다.

외국 여행을 하는 성직자 단체가 있었습니다. 그들은 여행 가이드에게 "우리는 다른 여행자들하고는 달라!"라며 근엄한 태도를 보였습니다. 근엄함은 종교 의례에서 찾아야지 여행에서 찾을 건 아닙니다. 가이드는 분위기 전환을 위해 몇 가지 방법을 써 보았으나 별 효과가 없었습니다. 마지막 비장의 무기를 사용하기로 했습니다. 소위 'EDPS'(음담패설, 요즘은 이 용어를 사용하지 않음) 전략입니다. 이건 급처방으로 효과 만점이라고 합니다.

그래도 그렇지, 성직자에게? 성직자라고 무성이거나 중성은 아니니까, 산전수전 다양한 사람들을 다 겪은 가이드는 굳이 용기를 낼 것도 없이 능청맞게 성적 유머를 퍼부었습니다. 성직자들은 뭔 이야기를 하나 눈을 휘둥그레 뜨고 듣거나, 일부는 미간을 약간 찡그렸습니다. 10여 분이 지나자, 가이드의 성적 입담에 성직자들은 어린아이처럼 박장대소했다고 합니다. 종교 의례와 같이 근엄하던 버스 분위기가 여행 내내 훈훈한 소통의 자리가 되었다고 합니다. 인류의 큰 금기이면서도, 가장 저항이 적은 성이 유머라는 옷을 입어 닫힌 사람의 마음을 연 것입니다.

궁중의 세련된 의식에는 웃음이 없습니다. 웃음의 재료는 저잣거리에 천박하게 뒹구는 것일수록 좋습니다. 웃음은 개인의 두꺼운 방어기제를 내려놓게 해서 상호 소통을 촉진합니다. 웃음은 금기를 건드리며 절정에 이르고, 그것이 EDPS입니다. 욕망의 덩어리로 억압된 것을 웃음으로 풀면 억압의 정신병리가 풀려 시원해집니다. 웃음의 카타르시스 요법입니다. 꼭 금기에 대한 유머가 아니더라도, 유머는 삶의 양념, 윤활유, 치유라 할 수 있습니다.

◎ **기름을 쳐야 기계가 돈다**

그녀의 부친은 당대에 널리 알려진 영문학자였습니다. 영어 단어와 문장에 해박한 부친은 당시 일간지에 실려 삼천만 국민에게 웃음을 전달한 〈고바우〉 만화를 보고도 왜 웃어야 하는지 모르는 위대한 지식인이었습니다. 그녀가 아버지에게 왜 웃기고 왜 웃어야 하는지 아무리 설명해도 소용없는 노릇이었습니다. 그의 명성이 웃음보가 열리는 것을 막았던 것입니다.

웃지 못하는 사람은 절대 행복할 수 없습니다. 웃음은 억압된 감정을 자연스럽게 토해 냅니다. 그걸 못하면 사람들은 내면의 비밀들에 갇힙니다. 감출 비밀이 많은 사람들, 수사기관에 근무하는 사람들은 웃음보가 좀처럼 열리지 않습니다. 웃음으로 비밀이 새어 나오는 것을 염려하기 때문입니다. 폐쇄된 사회, 페르소나에 갇혀 사는 사람, 의식주의자일수록 웃지 않거나 웃음을 의식화해 억지로 웃습니다.

영문학자의 딸은 아버지처럼 살지 않기 위해서도 더욱 유머 감각을 키웠습니다. 한창 때는 개그우먼처럼 그날 웃길 거리를 만들어 모임에 나갔다고 합니다. 그랬더니 그동안의 근엄한 사각 테이블이 원형 테이블로 바뀌어 행복한 사교 클럽이 되었다고 합니다. 개중에 웃자고 하는 소리를 심각하게 받아들여 싸움을 거는 사람이 꼭 있습니다. 그래도 계속 웃음보를 열면 그의 싸늘한 겨울 한기는 이내 봄의 온기로 바뀝니다.

기계를 부드럽게 돌리려면 닦고 조이는 것뿐만 아니라 기름을 쳐 주어야 합니다. 기름은 부품 간에 윤활 작용을 합니다. 기계에 윤활유가 없거나 적으면 부품 사이에 마찰열이 심해 쇠 갈리는 소리가 나고 마침내는 부품에 치명적인 손상이 옵니다. 윤활유는 해당 부품의 윤활 작용뿐만 아니라 기계의 모든 부품이 충분히 제 기능을 수행하도록 돕습니다. 최고급 성능을 자랑하는 기계라도 제때 기름을 치지 않으면 기계는 손상되고 생산성은 떨어집니다. 개성공단이 교착 상태에 빠져 잠시 입주 기업이 전부 철수했을 때, 기업주들의 큰 걱정은 기름을 쳐 주지 못해 발생하는 기계의 손상이었습니다.

유머는 윤활유입니다. 유머를 사용하는 사람은 인생을 여유롭게 즐길 자산을 가지고 있는 겁니다. 유머는 삶을 재충전하는 에너지이고, 타인들과 소통하는 교두보이며, 집단 구성원들에게 일치감을 줍니다. 반면 유머를 못하는 사람들은 여기저기 쇠 갈리는 소리를 내어 소통마저 불통으로 만들어 버립니다. 그 분위기를 다시 부드럽게 만들어 생산성과 창조성을 높이는 것은 유머입니다. 불통의 권력자들은 틀림없이 유머를 무시했을 겁니다. 소통의 정치 지도자인 미국의 링컨 대통령은 유머감각이 뛰어난 분으로 널리 알려져 있습니다.

◎ **인생의 지혜를 담다**

분석심리학에서는 웃음을 일으키는 정신 요소를 '트릭스터(trickster)'라고 합니다. 트릭스터는 장난꾸러기 요정, 마술사, 익살꾼, 우스운 도깨비로 상징화되어 민담에 등장합니다.

2002년 한·일 월드컵의 한국 공식 응원 캐릭터인 붉은 악마도 여기에 속합니다. 붉은 악마는 익살스러운 모습이면서도 집단을 하나로 묶는 힘을 가지고 있습니다. 트릭스터는 긴장하고 머뭇거리는 인생의 순간에 나타나 유치한 웃음으로 걱정을 덜어 줍니다. 틀어진 관계를 개선하는 촉매제 역할도 합니다. 간혹 어떤 예지 능력도 있어 갈 길을 안내합니다.

트릭스터는 복잡한 인생을 웃음으로 일순간에 단순화하는 능력도 있습니다. 트릭스터는 애니메이션에서 진화 과정 이전 단계지만 비교적 인간과 친하게 지낼 수 있는 파충류로 나타납니다. 아주 가끔은 거대한 공룡처럼 익살스러운 동물로 나타나 일대 혼란을 야기하는데, 그럼으로써 삶을 재정비하게 합니다. 이러한 트릭스터의 기능은 외부가 아닌 바로 각자 안에 있는, 각자를 성장시키는 소중한 정신적 유산임을 알자는 것입니다.

"부자가 천국에 갈 수 있을까?"

예수님의 질문이지만, 성경 저자의 질문이기도 합니다. 또한 정직하게 살려는 사람들의 질문이기도 합니다. 부자들이 많은 재산을 모으기까지 얼마나 윤리적일 수 있을까, 모은 재산을 윤리적으로 사용하는가, 돈은 윤리를 넘어뜨리는 강력한 무기임을 역사는 증언한다, 돈이 모이는 곳에는 부패가 있다, 부자가 돈으로 땅의 윤리를 사들이듯 천국도 사들일 수 있다면 정의로 우신 하나님은 어떻게 되시는 건가, 또한 부자가 전부 지옥에 간다면 사랑의 하나님은 어떻게 되시는 건가. 이는 순수한 신앙을 추구하고 싶은 사람들에게 매우 실제적인 의문이었습니다. 복잡한 설명은 문제를 더 복잡하게 만듭니다.

이때 유머 한 방은 설명 이상의 것을 선사합니다. 예수님은 한 방 유머를 사용하셨습니다.

"부자가 하나님의 나라에 들어가는 것보다 낙타가 바늘귀로 지나가는 것이 더 쉽다."(마가복음 10:25)

낙타가 바늘귀에 들어간다고! 기막힌 유머입니다. 그 자리에 있던 사람들 모두가 웃었을 겁니다. 웃기만 하지는 않았습니다. "아!" 하고 깊이 깨달은 바가 있었을 것입니다.

한 방의 유머에 이처럼 많은 지혜가 담겨 있습니다. 유머는 격의 없는 친한 관계에서 나누는 것이고, 서먹한 관계도 유머를 나눔으로써 격의 없는 친한 관계가 됩니다. 유머에는 소통의 비결이 있습니다.

관계의 달인은
가면 바꿔 쓰기의 달인입니다

페르소나 다루기

◎ 내게 씌워진 가면, 페르소나

　연극 무대에 선 광대만 가면을 쓰는 것은 아닙니다. 세상의 무대에서 살아가는 보통 사람들은 더 많고 두꺼운 가면을 써야 살아갈 수 있습니다. 자신을 적당히 위장하는 가면을 안 쓰면 상처받기 쉽습니다. 그 순진함으로 인해 상황 파악을 하지 못하는 명청한 사람으로 취급받습니다.

　사회생활을 위해 써야 하는 불가피한 가면을 그리스 말에서 따와 '페르소나'라고 합니다. 페르소나는 각자가 사회에서 원하고 이룬 것, 사회가 그에게 부여한 직책입니다. 여성은 여성답기를 원하고 사회는 그녀에게 여성다운 것을 부여합니다. 여성 페르소나가 만들어집니다. 남성은 남성다운 것을 원하고 사회는 그에게 남성다운 것을 부여합니다. 남성 페르소나가 만들어집니다.

교사가 되고 싶은 어린이가 성인이 되어 교사의 꿈을 실현했습니다. 그때부터 그는 사회가 부여한 교사다운 격식을 갖추어야 합니다. 그의 내적 욕구와는 관계없이 사회가 부여한 교사다운 것을 따라야 합니다. 인간인 한, 내적 자아와 외적 페르소나는 갈등을 하지만 어느 하나만으로 살아갈 수 없고, 둘이 잘 타협해야 합니다. 간혹 사회 적응과 사회화에 꼭 필요한 페르소나마저 무시하고 인간 본성대로 살겠다는 소수 종파 운동의 성격을 띤 단체가 있습니다. 그들은 대부분 사회 부적응자로 전락합니다.

우리는 하나가 아닌 많은 페르소나를 가지고 살아갑니다. 가령 기혼인 여성 변호사가 있다고 합시다. 그는 변호사, 여성, 엄마, 아내, 딸, 학부모 등 다양한 페르소나를 부여받습니다. 사회화되었다는 것은 상황에 따라 다양한 역할 전환을 할 줄 아는 사람이고, 심리학적으로 말하면 다양한 페르소나를 바꾸어 가며 사용할 줄 아는 사람입니다.

역할 전환에 유연성이 없는 사람은 어떻게 될까요? 그가 가장 많은 시간을 사용하는 페르소나로 굳어집니다. 변호사인 그녀가 변호사 페르소나로 굳어지면 법적 논리성으로 사람들을 설

득하려 들 것입니다. 집에서는 가족들에게 정서적 소통을 법적 논리로 바꿀 것이며, 동창 모임에서는 친구들의 소탈한 대화를 변론으로 바꿀 것이며, 심지어 동료 변호사들과의 사적 만남에서도 법률 조항을 사용할 것입니다. 이건 질리는 일입니다.

사람들은 그녀의 변호가 시작될 때마다 "또 시작되었군" 하고 역정을 냅니다. 그녀는 변호사로서만 존재할 뿐 본래 자아의 모습은 깊이 은폐되어 있습니다. 이것을 '자아와 페르소나의 동일시'라고 합니다. 삶의 주체가 되어야 할 자아가 페르소나의 위세에 눌린 것입니다. 가짜가 진짜 행세를 해서 진짜는 숨어 버렸습니다. 역할만 있고 '자기'는 없습니다. 적응은 있고 '욕구'는 없습니다. '외적 가치'는 있고 '내적 가치'는 없습니다.

이런 경우 가장 큰 문제는 역지사지가 안 되는 것입니다. 그가 중점을 두는 페르소나만 중요하게 여기니 타인에게도 그의 페르소나에 충실할 것을 요구합니다. 자신의 내적 욕구를 못 보듯 타인의 내적 욕구도 못 봅니다. 그에게는 역할은 있고 존재는 없습니다. 수백 명의 어린 생명을 앗아간 세월호 침몰 사고 이후 한 재벌 아들이 오열하는 유가족들에게 미개한 국민이라고 했고, 이를 한 강남 부자 교회의 담임목사가 두둔하는 발언을 해서 파문을 일으킨 적이 있습니다. 그들은 귀금속으로 치장한 페르소나를 가지고 있고 자신과 비슷한 사람들과 어울립니다. 어느덧 그런 외적 인격이 곧 내적 인격인 것처럼 됩니다.

◎ 서당 훈장은 집에서도 훈장?

이처럼 자아와 페르소나가 동일시된다면, 그들의 관점에서만 세상을 보는, 빠져나오기 힘든 마음의 중병에 걸립니다. 그들은 필요에 따라 형식적으로 고아원을 방문한다든가, 재래시장을 찾아가 악수하고, 거리에 나가 인사를 할 수 있고, 가난한 자를 위한 사회적 책임을 설교할 수 있고, 그들의 잘못된 언행에 대해 사과할 수도 있습니다. 그러나 그것은 그들의 페르소나를 지키기 위한 것이지 내적 자아가 그것의 진실을 느끼지는 못합니다. 사회적으로 차별화된 집단일수록 페르소나가 두꺼워 옹고집쟁이이고 일방적입니다.

서당 훈장님은 자기가 옳다고 생각하는 원칙에 양보 없이 충실합니다. 엄하고 도도한 페르소나가 형성된 것이지, 그의 내적 인격마저 그런 것은 아닙니다. 퇴근 후, 훈장님이 가족들에게 온정으로 대할 수 있다면 그는 페르소나를 내적 인격과 분리할 줄 아는 성숙한 사람입니다. 반면 가족들마저도 당신이 가르치는 서당 코흘리개로 본다면 그는 페르소나와 내적 인격을 분리하지 못하는 고집불통에 불과합니다.

아버지는 도덕교사, 어머니는 논술교사인 고등학교 1학년 학생이 의욕 상실과 무력감 문제로 저를 찾아왔습니다. 어린이는 얼마든지 어린이다울 수 있어야 다음에 어른다운 어른으로 성장하는데, 아버지의 도덕적 훈계는 그의 어린이성을 마비시켰습니다. 어린이는 어른을 이겨먹는 쾌락이 있어야 자존감이 올라가는데, 그는 논리적으로 대응하는 엄마를 이겨 본 적이 없습니다. 이렇게 어린이성을 즐기지 못하고 억압하며 사춘기에 접어들었기에 그 대가를 단단히 치르지 않을 수 없었습니다.

자기의 욕구를 마음껏 즐기지 못한 학생이 우울하고 의욕이 없고 무력해지는 것은 정한 이치입니다. 아들의 치유를 위해 부모에게 필요한 것은 이전에 하지 못하게 했던 걸 하도록 공간을 마련하는 것입니다. 그렇게 해서 학생이 한동안, 혹은 1~2년 동안 어린이처럼 굴어도 이를 허용해야 합니다. 어린 시절에 제공하지 못한 것을 그때라도 제공한다면 아이는 제 욕구를 실현하고 부모를 이겨먹는 경험을 하고, 억압된 공격성을 사용할 줄 알아 자존감이 회복돼 삶에 의욕을 가집니다. 이 기간이 부모에게 좀 힘들긴 하겠지만, 자녀의 성장을 위해 꼭 필요한 과정입니다.

반면 내가 인생을 살아 보니 인생은 이렇게 해야 성공한다, 저렇게 하면 안 된다, 다 너를 위해 하는 말이다, 이렇게 한다면? 비록 맞는 말일지라도 그것은 부모 자식 관계가 아니라 교사와 학생 관계입니다. 교사의 페르소나와 학생의 페르소나는 내적 관계를 맺지 못합니다. 겉으론 잘 맺고 있는 것처럼 보일 수 있습니다. 별문제 없이 모든 일이 잘 진행되었다고 합시다. 그러나 모든 일이 잘 진행되고 있는 것이 문제입니다. 내적 욕구는 속으로 억압돼 순응하고 분노는 쌓입니다. 창조성은 없고 관계성은 상실되고, 속에서 곪은 것들이 언젠가는 흉물스럽게 드러나 치료를 요구합니다. 부실 공사는 반드시 보수공사를 요하는 것과 같습니다.

◎ 페르소나는 내가 아니다

페르소나는 존재 자체가 아니라 존재의 아주 작은 부분입니다. 성장한 사람일수록 페르소나는 가볍게, 내적 인격은 크게 합니다. 내적 인격이 성장한 사람은 페르소나를 그 아래 두고 다스리지, 페르소나가 곧 자기인 것처럼 착각하지 않습니다. 가정으로 돌아온 당신은 페르소나인 정장을 벗고 가벼운 평상복으로 갈아입어야 합니다. 당신의 대단한 직책은 사회가 부여한 것이지 가정이 부여한 게 아닙니다.

최근 대중의 사랑을 받고 있는 불교의 '정토회'는 불교의 딱딱한 껍질을 깬 내적 인격 회복 운동이라 할 수 있습니다. 그러나 조직이 커지면 또 다른 두꺼운 페르소나가 생길 수 있음을 경계해야 합니다. 기독교의 수도원은 기독교가 로마의 정식 종교로 승인되면서 제도에 갇힌 기독교의 순수성을 회복하려는 영적 운동입니다. 페르소나는 한 개인뿐만 아니라 집단적으로도 사용되고 있으며 본래의 인간적 관계성을 파괴합니다. 그 도가 지나치면 반발 현상으로 내적 회복 운동이 자연발생적으로 일어납니다.

입장 바꾸어 생각하기는 페르소나에 유연성이 있을 때만 가능합니다. 그래야 개인은 물론 공동체의 평화가 찾아옵니다.

우리는 생의 어느 중요한 순간, 중요한 선택을 해야 하는 때가 있습니다. 그때는 페르소나를 접고 내면의 깊은 소리를 들어야 합니다. 소리는 마음을 타고 들려오기에 마음의 귀를 열어야 합니다. 마음의 귀를 열고 마음과 소통한 사람만이 타인과도 진정한 소통을 할 수 있습니다.

스킨십은 완전한 소통을
경험하게 합니다

신체적 관계와 정신적 관계

◎ 성격 차이?

아내와 함께 작은 사업을 하는 50대 초반 남성이 있었습니다. 남편에 따르면, 아내가 너무 강해 부부 갈등이 생겼다고 합니다. 갈등이 생길 때마다 딸들은 모두 아내 편이고, 그러면 남편은 자신에게 정말 큰 문제가 있나 싶어 우울해지는 날이 많았다고 합니다. 나이를 더 먹으면 이런 갈등이 해결되겠거니 했지만 해결 조짐은 보이지 않고 아내와 두 딸로부터 소외감을 느껴 차라리 이혼하는 편이 서로를 위해 좋겠다는 생각을 하게 되었습니다.

막상 부부가 자신들의 이야기를 테이블에 꺼내 놓으니 사정은 달랐습니다. 부인은 남편이 너무 소심해 집안일이나 사업에서 힘들면 뒤로 물러나 본인이 어쩔 수 없이 강한 사람이 되어 전면에 나섰다고 합니다. 그것이 남편의 자존심을 상하게 했을지 모르나 살기 위해선 어쩔 수 없는 일이었다고 합니다. 남편의 입장은 내가 없어도 강하고 똑똑한 아내가 일을 알아서 척척 잘하고 아이들도 아내 편이어서 무능력한 남편이 되었다고 합니다. 거기에 대한 반발 심리로 혼자 캠핑을 가거나 동창회 모임 등을 핑계로 종종 밖으로 나돌았다고 합니다. 가정의 중심이 서 있지 않아 집안 분위기는 험해졌고, 무슨 안 좋은 일이 생길 때마다 아내는 무능력한 남편을 탓했습니다. 남편은 그런 아내가 절대 변하지 않을 거라며 집과 사업장을 피하는 것으로 자위를 삼았습니다.

엄마는 두 명의 딸에게서 위안을 얻었고, 두 딸도 엄마 편이었습니다. 집안은 한 명의 남성과 세 명의 여성이 대립되어 있었습니다. 그러다 두 딸도 성장해 자기 일과 남자친구가 생겼고, 그들은 엄마의 애착으로부터 도망쳤습니다. 딸들에게 쏟던 에너지가 갈 곳을 잃자 위로의 대상이 없어진 아내는 우울한 중년을 맞이했습니다.

아내는 우울감을 달래려고 더 열심히 일에 매달렸고, 그럴수록 남편은 더 무능력자가 되어 밖으로 달아났습니다. 여성이 중년이 되면 남성호르몬이 많아져 남성화된다는데, 남편은 자기 아내도 그렇다고 여겨 대화 자체를 포기했습니다. 적극적인 아내는 그 적극성 때문에 외로웠고, 소극적인 남편은 그 소극성 때문에 또한 외로웠습니다. 부부 갈등은 표면적인 곳에 있는 것으로 보였고, 전문가가 조금만 코치하면 단기간에 해결될 것처럼 보였습니다.

◎ **성적 차이!**

그러나 문제의 본질은 다른 데 있었습니다. 아내가 임신과 양육을 핑계로 부부관계를 거절한 것이 시초가 되어 마침내 섹스리스 부부가 되고 말았던 것입니다. 성욕은 강한 힘을 가진 본능인데 단순히 임신과 자녀 양육이 문제였다면, 그것이 해결된 뒤에는 정상적 부부관계로 돌아와야 했습니다. 불통의 근본은 아내의 성교통이었습니다. 관계를 하는 날이면 성교통이 뒤따랐고, 고통이 두려워 섹스를 피하려고 "피곤해. 우리 자자", 그렇게 된 것입니다.

남편의 계속적인 요구에 아내는 침대 밑에 이불을 깔고 별도의 잠자리를 마련했습니다. 아내는 일이 적은 날에도 일부러 일을 만들어 몸을 피곤하게 하는 습관이 생겼습니다. 가정의 경제적 안정을 위한 열정이라 생각하니 뭐라 말은 못하겠지만, 남편은 다른 이유가 있을 것이란 생각을 했습니다. 자정 무렵에야 집에 돌아온 부부는 피곤에 지쳐 남편은 침대, 아내는 침대 아래에 잠자리를 잡습니다.

아내는 일이란 배우자가 있었으니 거기에 정열적으로 빠지면 되지만, 남편은 외로움을 달래려 다른 잡기가 필요했습니다. 바로 그 잡기가 '집 밖으로 돌기'가 된 것입니다. 아내로부터 거절당했다고 느끼는 남편, 적극적인 남편이라면 분노를 표현할 방법을 찾겠지만 소심한 남편은 분노를 안으로 삭였고, 삭인 분노는 더 무능력한 남편을 만듭니다. 아내는 남편의 그런 모습을 이해할 수 없었고, 일을 열심히 하는 것으로 그 화를 풀며 살았습니다.

섹스 하나가 불통의 부부를 만든 것처럼 보입니다. 하지만 섹스는 그렇게 단순하지 않습니다. 섹스는 종족 보존의 본능만은 아닙니다. 섹스는 관계의 적극적인 표현이고 긴장 방출의 소극적 표현입니다. 인간으로서 가장 고조된 황홀하고 신비한 쾌락을 얻는 수단입니다. 풀리지 않을 것 같은 부부 갈등도 단번에 해결하는 사랑의 특효약이며, 부부관계 중에 나오는 호르몬은 노화를 예방하고 건강을 촉진하며 정서적 유대를 만듭니다.

불통의 부부가 된 핵심 이유가 여기에 있었습니다. 남편은 아내의 부부관계 거절이 자신을 소극적으로 만든 가장 큰 원인인데, 그렇다고 하면 속 좁은 사람으로 비칠까 봐 관계를 피했습니다. 아내는 자신의 부부관계 거절은 요즘 부부에게 보통 있는 일이며 전혀 문제 될 게 없다고 생각하며 살았습니다. 남편의 소극성은 이런 생각을 더욱 강화시켰습니다. 아내는 매우 합리적인 논리를 가지고 있었습니다.

"나만 그런 것이 아니다. 요즘 그런 사람들이 많다. 나도 성교를 원하지 않는다. 아프고 오르가슴을 느낄 수 없다. 그래도 우리는 각방을 쓰지는 않는다. 무성 부부는 가능하고 성교는 선택이다. 부부는 각자의 선택을 존중해야 한다."

아내는 성적 문제를 전문가를 찾아 치료받기보다는 무성 부부로 합리화시켰습니다. 남편에 대한 미안한 마음이 있었겠지만 자신으로서는 그런 결정이 최선이라 했습니다. 맨손으로 시작한 사업이 아내의 헌신적 수고로 안정되었지만, 부부관계는 남남이 되어 갔습니다.

◎ 짧지만 완전한 소통을 경험하는 방법

인간의 육체에는 정신이 깃들어 있습니다. 그래서 정신적 사랑을 신체적으로 표현하려 하고, 신체적 사랑을 통해 정신적 유대 관계도 강화됩니다. 부부의 신체적 거리가 곧 정신적 거리는 아닙니다. 그러나 신체적으로 불통인 부부는 정신적으로도 불통입니다. 성적 능력이 있으면서도 사용하지 않는 섹스리스 부부는 불통으로 인해 공허합니다. 섹스는 부부의 정서적 소통을 위한 필수 영양제입니다. 성은 마음으로 다스리지 못한 갈등을 해소하고 조정하는 매우 훌륭한 영양소입니다.

성은 하늘이 인간에게 주신 신비한 선물입니다. 신비주의자들은 절대자와의 가장 이상적인 소통을 성적 은유로 표현하는 데 전혀 거리낌이 없습니다. 성생활에서 느끼는 짧은 오르가슴은 대상과의 완전한 소통을 의미합니다. 우리는 짧지만 완전한 소통의 경험으로 길고 불완전한 부부관계를 보다 완전하게 할 수 있습니다.

4장 관계

— 좋은 경험들이 모여서 만드는 기적

이 세상에
악마는 없습니다

좋은 경험, 나쁜 경험

◎ 욕구를 부정하는 남자

그는 40대 초반의 미혼입니다. 그가 좋은 결혼 기회를 다 놓치고 독신으로 사는 이유는 사랑에 대한 헌신적 사고 때문입니다. 그에게 사랑은 신의 영역이기에 신만이 할 수 있는 것이고, 인간은 사랑을 욕구 충족으로 이용하는 존재입니다. 이런 단정은 그가 만나는 모든 이성에게서 숨겨진 욕구 충족을 보게 합니다. 인간인 이상 욕구 충족을 버릴 수 없고, 아무리 경건한 행위에도 욕구 충족의 은밀한 혐의는 있게 마련입니다.

하지만 그는 자신의 욕구 충족 동기를 더럽게 여겨 피하고, 또한 상대의 숨은 동기를 관음증적으로 찾으려 하기 때문에 사랑에 실패했습니다. 결국 사랑은 좋은 신의 영역으로 두고, 욕구 충족은 나쁜 인간에게 두었습니다. 나쁜 것이라고 단정한 욕구 충족에도 선한 동기와 목표를 지향하는 부분이 있음을 그는 부정했습니다. 선한 신을 더 선하게 만들기 위해서는 인간은 더 나쁜 굴레를 뒤집어써야 하기 때문입니다. 그가 이해하고 경험한 인간은 좋은 신께 구원받아야 할 나쁜 존재이고, 나쁜 존재로 둘러싸인 세상은 나쁜 것들의 군집입니다. 그가 사랑은 신의 금단 구역 안에 두고 인간은 금단 구역 밖에 두는 이유입니다.

이러한 이분법적 사고는 그에게 종교 생활을 더 열심히 하게 하는 구실을 제공했습니다. 그는 종교 생활에 성실한 사람으로 추대받았으나, 금단 구역 밖에서 나쁜 사람들과 함께 사는 대부분의 시간이 행복할 리 없습니다. 신이 주신 인간미는 억압되고, 그의 친구는 그를 두렵게 보기조차 합니다.

◎ 좋은 경험, 나쁜 경험

종교심리학에서 신앙의 동기와 심리는 함께 가는 것으로 봅니다. 어린 시절 좋은 경험을 많이 한 사람은 신을 좋은 색으로 채색하고, 나쁜 경험을 많이 한 사람은 신을 나쁜 색으로 채색합니다. 엄한 부모 밑에서 성장한 사람은 신을 엄하게, 너그러운 부모 밑에서 성장한 사람은 신을 너그럽게 느낍니다. 기대만 주고 욕구를 채워 주지 않는 부모의 자녀는 신을 막연한 그리움의 대상으로, 만족스럽게 욕구를 충족한 사람은 신을 인격적 대상으로 느끼기 쉽습니다.

우리의 부모가 신이 아니기에 나쁜 경험도 합니다. 그 나쁜 경험은 나쁜 것에 대항하는 면역 체계로 사용됩니다. 그러나 면역 체계를 위해 혈액에 넣어 주는 세균도 기본적으로 몸이 건강해야 역할을 하듯이, 사람은 상대적으로 좋은 경험이 많아야 나쁜 경험도 이롭게 사용할 수 있습니다. 정신 건강은 어느 경험을 더 많이 했느냐는 양의 문제이고, 경험한 것을 어떻게 이해하느냐는 해석의 문제입니다. 그런데 이러한 우리의 심리적 상태가 신을 이해하고 믿는 데 결정적인 방식이 됩니다.

사랑을 미화한 그는 조손 가정에서 성장했으며, 초등학교를 겨우 졸업하고 독학으로 대학 과정까지 마쳤습니다. 부모에게 투정 부리고 의존하며 제 욕구를 실현해야 할 어린 나이에 직업 생활 전선에 뛰어들었습니다. 할머니 병수발을 해야 했고, 동생 학비의 일부를 부담해야 했습니다. 그가 너무 일찍 경험한 사회는 요구만 했고 만족은 주지 않았습니다. 부모에게 버림받은 상처는 사회로부터 버림받은 상처로 이어졌습니다. 어떻게든 소년 가장의 역할을 해내기 위해서는 세상과 싸워야 했습니다. 전의를 다지기 위해서도 세상을 적으로 돌려야 했습니다. 자신은 적과 싸우는 소년병이었습니다.

그가 어른들로부터 받았을 상처, 또래 아이들에게서 느꼈을 열등감, 돌봄은 없고 책임만 있는 가정에서의 소외감 등은 나쁜 인간론과 세상론을 만들기에 충분했습니다. 이런 그가 인간은 악한 존재이고 세상은 악으로 오염되었으며, 인간은 오직 신에 의해 구원을 받는다는 종교에 깊이 빠진 것은 오래전부터 준비된 일이었습니다.

어떤 종교도 이원론적인 면이 있기는 하지만, 그는 그 부분에 더 많은 매력을 느꼈습니다. 그는 이분법이 아닌 내용도 이분법으로 능숙하게 해석하고, 그래야만 심리적 안정을 얻는 것 같았습니다. 그의 종교에 대한 헌신은 세상이 싫어 죽고 싶었던 그가 그나마 살 수 있었던 이유였지만, 그는 더 성장해 결혼하고 가정을 꾸려야 하는 과업 앞에서 멈추고 말았습니다. 사랑을 받아 본 경험이 없는 그는 사랑을 신의 영역으로 이상화했고, 인간의 사랑은 악한 것으로 여기며 사랑에 무능한 자신을 합리화했던 것입니다.

저는 그를 만날 때 "자신과 세상을 사랑하면 행복해진다. 신은 인간이 행복하게 살기를 원한다"고 말합니다. 그에게는 너무도 낯선 이 말이 그의 마음에 서서히 침투하기를 기도하면서 그와 관계를 맺어 갑니다. 의미 있는 관계 경험이 없는 그는 의미 있는 관계가 될 만하면 신에게로 도망가는 방식을 취하지만, 저는 그럴 때마다 그를 존중하고 따뜻한 인간으로 다가가려고 노력합니다.

이런 경험은 그에게 새로운 것이며 따뜻한 인간관계 경험을 축적합니다. 좋은 경험의 축적은 좋은 것을 외부로 투사하게 마련입니다. 그는 서서히 인간과 세상을 낯선 나쁜 것에서 낯익은 좋은 것으로 바꾸어 가게 되었습니다. 꼭 이상적인 사랑은 아니어도 세상에는 아름다운 사랑이 많다는 것을 저와의 관계를 통해, 그리고 그 밖의 다른 관계를 통해 걸음마부터 배웠습니다. 욕구 충족은 생존 본능이지만, 그것이 항상 나쁜 것만은 아니고 그 안에서도 얼마든지 선한 것을 건져올릴 수 있음을 그는 발견했습니다. 이것은 의지로 된 것이 아니고 수없이 반복되는 심리치료사와의 좋은 관계 경험을 통해 그의 무의식에 변화가 생겨 시작된 것입니다.

이는 심리학에서는 각성 체험, 종교에서는 중생 체험과 같습니다. 인간과 세상을 바라보는 관점에 커다란 변화가 왔다는 점에서 동일합니다. 각성하거나 중생하면 무능한 인간에게서 유능한 것을 발견하고, 허무한 세상에서 사랑을 발견합니다. 나쁜 것에서 좋은 것을 발견해 좋은 것으로 살 수 있는 능력을 갖춥니다. 세상은 나쁘다, 좋다 단정할 것이 아닙니다. 보는 사람의 관점만 있을 뿐입니다. 좋은 곳으로 보며 좋은 경험을 축적할 것인지, 나쁜 곳으로 보며 나쁜 경험을 축적할 것인지는 각자의 선택입니다. 그리고 이 선택은 그가 이전에 쌓아 온 관계 경험에 따라 크게 좌우됩니다.

◎ 악마는 없다

세상은 더 좋은 곳이 되어야 하고, 그것은 하늘이 주신 인간의 소명입니다. 그러기 위해선 세상을 좋은 곳으로 보는 사람이 더 많아야 합니다. 우리는 좋은 관계 경험이 많았던 옛 추억을 그리워합니다. 추억만 할 게 아니라 그 좋은 관계 경험을 지금 이곳에서 만들어 가는 것이야말로 세상을 좋게 만드는 것이며, 더 좋은 과거의 추억을 만드는 것입니다. 사람은 바빠지고 문명이 발달할수록 성과 중심이 되어 좋은 관계 경험을 쌓기 힘들어집니다. 외로운 사람이 많아지게 마련입니다. 누군가에게 좋은 관계 경험을 제공하는 것은 세상을 아름답게 만드는 가장 좋은 방법이고, 하늘의 복을 받을 수 있는 일이 될 것입니다.

영적인 존재가 되는 과정에는 두 가지 길, 부정의 길과 긍정의 길이 있습니다. 부정의 길은 일체의 세계를 헛된 것이라며 부정합니다. 육체의 오감과 세상의 유혹을 부정합니다. 인간적인 자연스러운 감각마저 부정하는데, 이 기간에는 매우 힘든 어두운 터널을 걷는 것과 같습니다.

반면, 긍정의 길은 어두운 터널을 나와 빛을 보는 것입니다. 부정해 버린 세상의 아름다움과 선함을 다시 발견합니다. 세상에 참여해 사랑하는 것을 소명으로 여깁니다. 거의 모든 수도자들이 수도 생활을 결정하는 이유는 세상의 허무 때문입니다. 세상이 살기 좋은 곳이라면 굳이 세상을 등질 이유가 없습니다. 그들은 세상의 허무에 누구보다도 민감한 사람들입니다.

그럼에도 불구하고 수도 생활을 통해 그들이 깨닫는 것은 세상은 아름답고 선하다는 믿음입니다. 등진 세계를 앞으로 당겨 가슴에 품게 됩니다. 눈에 보이는 인간관계에서 사랑을 느끼지 못한다면, 눈에 보이지 않는 신과의 관계에서도 사랑을 느낄 수 없습니다.

그에게 필요한 것은 동물적인 것이라고 비하했던 인간적인 것의 아름다움을 발견하는 일이었습니다. 상대에게서 원하는 사랑을 받지 못할 때, 하나님의 사랑으로 회피할 것이 아니라 거기까지만 사랑하는 인간성을 이해해야 했습니다. 사랑을 주는 일에 실패했을 때 두려워서 하나님의 사랑으로 피할 것이 아니라, 사랑은 내가 원한다고 해서 다 줄 수 있는 게 아니라는 자신의 한계를 인정하고 수용해야 했습니다.

학급에서 따돌림을 당해 쉬는 시간마다 독서로 회피하는 학생이 있었습니다. 그는 꽤나 학구파 학생으로 보였습니다. 그가 책으로부터 벗어나지 않는 한 그는 고독한 독서가 신세를 면하지 못합니다. 급우들 틈에 끼는 일이 서툴고 두렵더라도, 아직은 서툴고 두려운 걸음마 인간관계를 인정하고 실수를 두려워하지 않는 용기가 필요합니다. 인간은 악마가 아닙니다. 다가오는 사람을 내쳐서는 안 됩니다. 그 학생은 자신이 관심을 받고 있다는 것을 깨닫게 되면 서서히 광적 독서가에서 평범한 독서가로, 관계 안으로 들어갈 수 있습니다.

세상을 나쁜 곳으로만 보지 마세요. 그렇다고 다 악마만 있는 것은 아닙니다. 사람 사는 곳은 아무리 나쁜 곳이라 해도 좋은 점도 있기 마련입니다. 나쁜 것들 속에 숨어 있는 좋은 것들을 발견해야 합니다. 그래야 세상은 보다 살기 좋은 곳이 됩니다. 세상은 하나의 상태로 결정된 곳이 아닙니다. 보는 눈에 따라 다르게 보입니다.

감동은 관계를
행복하게 합니다
최고의 경험은 감동

◎ **머리에서 가슴까지, 가장 먼 여행**

'가장 훌륭한 교육은 지식을 가르치는 것이 아니라 감동을 주
는 것이다.' 그랬습니다. 나의 짧지 않은 공교육 기간을 돌아보
면 지식으로 학생들을 사로잡는 선생님보다는 감동을 주는 선
생님이 기억에 남아 있습니다. 그 분야 최고라 할 정도로 지적인
분들은 대개 가까이하기에 너무 힘듭니다. 멀리서 존경하다가
어느 날 기억에서 사라집니다. 감동을 주는 선생님은 친하지 않
아도 친합니다.

오래전, 영국의 한 방송국에서 세상에서 가장 먼 여행길이 무
엇이냐는 퀴즈를 냈다고 합니다. 정답은 '머리에서 가슴으로'였

습니다. 이 길이 얼마나 고되고 먼 길인지 고 김수환 추기경은 노년의 인터뷰에서 이 길을 여행하는 데 70년이 걸렸다고 합니다. 사랑을 주제로 한 유행가 한 곡이면 시청각 사랑 공부는 끝납니다. 그것이 다시 30cm 아래인 가슴으로 내려오기까지는 오랜 인고의 시간이 필요합니다.

세상이 각박하고 사람들이 고독해서인지 종교의 유무를 떠나 영성에 대한 관심이 많아진 시대에 살고 있습니다. 뭐든 '영성'자를 붙이면 새로워 보여 지친 사람의 마음을 끌어냅니다. 그러나 그것이 머리로만 하는 작업이라면 '영성화'는 먼 길입니다. 머리로 소유한 개념을 가슴으로 끌어내리는 내적 여행을 해야 합니다. 그 작업은 시간이 필요하고, 조급한 사람은 다 된 줄 알고 착각하며 살기도 합니다.

한 직장에서 성실하게 일해 온 남성이 있었습니다. 회사에서는 그에게 1년간 미국 연수 과정을 제공했습니다. 아내와 함께 출국한 그는 연수 과정을 끝내고 한 주간은 여행을 했습니다. 아내는 한국에서는 생각조차 할 수 없는 자연경관에 매료돼 감탄사를 연발하는데 남편은 아무런 감동 없이 아내만 따라다니는 게 아니겠습니까?

"여보, 얼마나 장엄하고 아름다워요. 뭐라 말 좀 해 봐요?"

남편은 "응, 그러네" 하고 어색하게 웃을 뿐이었습니다. 남편은 15년 동안 머리만 쓰는 모범 사원이 되느라 감정이 메말라

버렸던 것입니다. 남편에게 여행은 감동이 아니라 지리와 문화 공부였습니다. 재미가 아니라 일의 연장입니다.

여성은 남성에 비해 더 따뜻하고, 더 친절하고, 더 수용적이고, 어떤 면에서는 남성보다 더 강하고 열정적입니다. 세계는 남성이 지배하지만, 여성은 남성을 지배합니다. 여성이 남성을 능가하는 힘이 있어서가 아니라 충동적인 남성의 기질을 잘 다루는 감성이 있기 때문입니다. 드러난 곳에서는 이성이 감성을 다스려 인류 문명을 남성이 리드하는 것처럼 보이나, 드러나지 않은 곳에서는 감성이 이성을 다스려 여성이 남성을 리드합니다.

세상을 정복한 남성의 힘은 여성의 내밀한 치마폭에서 나옵니다. 남성의 바지는 가족을 지키기 위해 싸우고 일하고, 여성의 치마는 가족을 품습니다. 바지는 이성적 사고를 하고, 치마는 이성으로 지친 영혼을 감동으로 품습니다. 본래 치마는 품기 좋게 폭이 넓고 길지만, 일하기 좋게 하려고 폭과 길이를 대폭 줄였습니다. 줄이면 줄일수록 여성의 모성은 감소하고 성적 매력은 증가합니다. 남성이 여성을 지배할 수 없을지도 모른다는 두려움 때문에 성적으로 여성을 지배하려고 만든 문화입니다. 여성이 성화되면 그만큼 감동은 쾌락이 되어 버립니다. 그래도 집 안에서는 길게 늘어진 여성의 홈드레스가 남성의 짧은 파자마를 품어 세상엔 여전히 감동이 있습니다.

◎ 감동도 능력이다

감동하는 능력, 그것은 인위적으로 조작할 수 없는 현상입니다. 감동을 하겠다고 해서 감동하는 것이 아니고, 감동을 하지 않겠다고 해서 안 하는 게 아닙니다. 감동의 원천은 무의식에 있고, 감동의 능력은 무의식에 있는 원천을 꺼내 쓰는 의식의 힘에 있습니다. 인간의 무의식 안에는 경험적인 것과, 그보다 더 큰 에너지를 가진 선험적인 것들이 조화를 이루어 저장되어 있습니다. 그것들은 감동의 형태로 의식으로 올라옵니다.

보통 아름다운 자연경관은 처음 봐도 어디서 많이 본 것 같은 느낌이 듭니다. 자연은 무의식에 이미 저장된 선험적인 이미지인 원형상과 가장 가깝기 때문입니다. 어떤 것을 보고, 행하고, 느낌으로 올라오는 감동은 그 순간 무의식의 거대 보고가 흔들려 의식으로 올라온 것으로서 억제할 수 없습니다. 성장기에 너무 많이 감정을 억압하고 살았다면 무의식의 보고가 의식으로 나오지 않으려 하거나, 나오는 것이 불안하고 수치스러워 감동을 받지 못합니다.

일로 만나는 형식적인 관계는 이성의 관계이며 일을 잘하기 위해 감성은 억압합니다. 파티, 술자리, 골프 접대 등에서 웃음을 나누는 것은 인위적으로 감동을 만들어 내는 것으로 관계를 질적으로 좋은 것으로 만들지는 못합니다. 반면 오래된 우정이

나, 오래되지는 않았어도 의미 있는 인간관계는 감동을 교환하며 성숙한 관계를 만듭니다.

전통적으로 일의 성과를 위한 조직에서는 상명하복으로 감성을 억압하는 분위기를 만들었습니다. 그래야 되는 줄 알았습니다. 최근에는 조직 구성원이 감성을 교환할 때 상호 의사소통도 원활하게 되어 업무 성과가 증진된다는 연구 결과들이 발표되면서 감성 바람이 일고 있습니다. 이성적 리더십은 '해야 한다'는 의무감을 만들고, 감성의 리더십은 '하고 싶다'는 자발성을 만듭니다.

위대한 예술 작품도 처음부터 기획 의도되는 것이 아니라, 예술가의 섬광 같은 영감에 기초합니다. 작가도 글을 쓰는 대략의 스케치는 하지만 막상 글을 쓰는 작업에서는 내면 어디에 이런 아이디어가 있었나 싶은 영감이 떠오릅니다. 영감은 인간의 선험적인 경험에 기초하기에 시공을 초월해 모든 사람이 공감할 수 있습니다. 따라서 영감에 기초한 문화 예술 작품은 시공을 초월해 모든 사람에게 감동을 줍니다.

현대 경쟁 문명은 감동을 유치한 감상주의나 이상주의로 취급합니다. 그 결과, 대학에서 인문학이 천대를 받고 실용 사회과학이나 응용과학이 인기를 독차지합니다. 컴퓨터는 뛰어난 일 처리로 인간적 감동을 삼켜 버렸고, 종교적 감동은 실용주의로 전락하고 있습니다. 이렇게 100년이 지난다면 지구는 감동이 고

갈된 로봇 세상이 될 겁니다.

지구의 종말은 물리적인 파괴가 아니라 정신의 파괴입니다. 요즘 대세인 힐링은 얼어붙어 제 기능을 못하는 마음에 감동을 일으켜 녹이는 것입니다. 얼음이 녹으면 물이 흐르듯, 힐링은 마음에 억압된 것을 녹이기에 눈물과 웃음이 나옵니다.

한 번 사는 인생, 감동이 있어야 행복합니다. 시간이 없다고 핑계만 댈 게 아니라 울고 웃을 수 있는 일을 자주 만듭시다.

사람이
천사입니다

관계를 끌어당기는 사랑의 자장

◎ 한 미국인의 뜻밖의 선행

한때, 우리나라도 달러가 많아 정부에서는 이를 소비할 대책을 마련하던 때가 있었습니다. 공기업은 미래가 촉망되는 인재를 선별해 해외 유학을 보냈습니다. 그는 때를 잘 만나 국비로 미국 유학을 해서 MBA 과정을 마칠 수 있었습니다. 그가 미국에서 공부하고 있었을 때의 일입니다.

날이 이미 어두워지기 시작할 즈음, 그의 가족을 태운 자동차는 지방도로를 달리고 있었습니다. 한적한 곳을 지나던 중 타이어 펑크로 차를 도로 한쪽에 주차해 놓았습니다. 이런 일은 한국에서도 당해 본 적이 없고 차에는 비상 연장도 없어 어찌할 바를 몰라 부부와 어린 자녀들은 발만 동동 구르고 있었습니다. 이처럼 인적이 드문 곳에서 갱이라도 만나면 어쩌나 하는 불안감에 절박한 심정으로 지나가는 차들에게 손을 흔들어 도움을 청했습니다. 하지만 해질녘 외진 도로에서 손을 흔드는 외국인을 위해 차를 세워 주는 사람은 없었습니다.

부부가 초조해하던 바로 그때였습니다. 웬 자동차 한 대가 구조하러 온 것처럼 차를 옆에 세우고, 운전자가 내리더니 자기 차 트렁크를 열었습니다. 순간 그의 가족은 트렁크에서 장총이라도 꺼낼지 몰라 불안했습니다. 그러나 괜한 걱정이었습니다. 미국인은 자동차 안에서 비상 타이어를 교체하는 연장을 꺼냈습니다. 그리고 부부에게 타이어 교체 실습을 시켜 줬습니다. 미국인이 일방적으로 교체해 준 것이 아니라 부부가 스스로 교체하도록 방법을 가르치고 곁에서 도왔다고 합니다.

그는 너무나 감사한 나머지 미국인에게 얼마의 돈을 내밀며 말했습니다.

"밤이 늦었습니다. 가까운 호텔이라도 잡아 주무세요."

미국인은 정중히 사절하며 말했습니다.

"제가 당신에게 한 것처럼 당신도 다른 사람에게 하시면 됩니다."

그리고 주소를 교환하고 헤어졌습니다. 그는 귀국해서도 수년간 그 미국인과 편지를 주고받았다고 합니다. 그가 이 기억을 잊지 못하는 데는 몇 가지 이유가 있습니다.

◎ 간절함이 천사를 부른다

첫째, 다들 피해 가는 외진 국도에서 낯선 유색인종에게 차를 세워 주었다는 것입니다. 물론 가족끼리 있어 위험하지 않다고 미국인은 판단했을지 모릅니다. 그러나 갱의 수법이 지능적인 점을 생각한다면 위험이 전혀 없는 것은 아닙니다. 그 미국인의 인간애, 그는 이 사랑이 자신을 도왔다고 믿고 있습니다.

필자가 강원도 영월에서 첫 목회를 할 때였습니다. 부임 후 몇 주 지나서 마을들을 익히려 순회하던 중 급경사 내리막길을 승합차로 하염없이 내려가고 있었습니다. 다시 올라올 수 있을까? 걱정은 했지만 차로 오를 수 없는 내리막 도로는 없을 거라 생각했습니다. 제 차가 엔진 성능이 떨어지는 싸구려 중고차였던 점을 깜빡 잊었던 겁니다. 다시 차를 돌려 오르막을 오르는데 차는 계속 뒤로 미끄러졌습니다. 저녁 예배 시간은 가까워 오는데, 신출내기 전도사가 교회 정기 예배를 빼먹는다는 것은 어떤 이유에서건 있을 수 없는 일이었습니다.

마음이 조급한 만큼 초조해지고, 날은 어두워져 두려움도 생겼습니다. 그때 승용차 한 대가 내려오고 있었고, 운전자는 제 차의 헛바퀴질을 보았습니다. 그는 차를 한쪽에 세우고 내리더니 승합차를 뒤에서 밀기 시작했습니다. 급경사 오르막길에서 뒤로 미끄러질지도 모를 승합차를 뒤에서 미는 것은 매우 위험한 일이었지만, 그분은 매우 친절하게 해 주었습니다. 그러고는 부끄러워하며 저의 사의를 거절하고 승용차를 몰고 내려갔습니다. 이후 저는 그를 하늘에서 보낸 천사로 기억하고 있습니다.

만일 당신이 어떤 위기에 직면했다고 합시다. 당신은 온몸과 마음을 다해 그 위기에서 벗어나려 합니다. 그 간절함은 평소와는 다른 엄청난 전파력을 가지게 되고 예상치 못한 인간애를 불러들입니다. 사랑은 우주 질서의 원리로서 자장과 같은 힘을 가지고 있어, 위기에 놓인 인간에게 퍼져나가 도움의 손길을 폅니다. 혼자 살 수 없는 연약한 인간은 사랑의 자장을 교환하며 삽니다. 우리가 뜻밖의 경우에 천사 같은 사람을 만나는 것은 사랑의 자장 안에서 일어난 일입니다. 천사는 위기에 몰려 마음 깊이 간절히 구하는 사람에게 인격적으로 나타납니다. 타국의 한적한 지방도로에서 서성거리는 한 가족의 간절함이 인간애를 가진 한 미국인 천사를 초청한 것입니다. 사랑의 자장이 둘 사이를 연결했습니다.

◎ **베푸는 자의 기쁨**

둘째, 미국인이 그를 돕는 방식을 잊지 못한다고 합니다. 난이 일에 전문가야! 그러니 내가 잘할 수 있어, 하고 능숙하게 뽐내며 하는 식이 아니었습니다. 그 야심한 밤에 비상 타이어 교체법을 친절하게 가르치며 자기는 옆에서 도우미 역할만 했던 점입니다. 미국인도 시간이 급했기에 빨리 처리해 주고 그의 길을 갈 수도 있었지만, 짧은 시간에 갓길을 비상 타이어 교체 실습장으로 만드는 지혜를 발휘했습니다. 왜일까요? 일의 공을 그들에게 돌리기 위해서입니다. 또한 이와 같은 일을 두 번 당했을 때 당황하지 말라고 기술을 가르친 것입니다. 그는 사람의 자존심을 건드리지 않고 도와주는 방법을 알고 있었습니다.

공급자가 좋다고 수여자도 다 좋은 것은 아닙니다. 인간에겐 주체성이 있습니다. 상호 교환하고 협력해 얻은 것이 아니라면 갑을 관계에 종속되어 불안한 관계로 어어집니다. 자신의 죄책감에서 벗어나기 위해 복지 시설에서 정기적으로 봉사를 한다는 사람을 만난 적이 있습니다. 자신이 실천하는 사랑에도 고마워하고 혜택을 보는 사람이 있다며 대단한 자부심을 가지고 있었습니다.

심리학자들의 실험에 의하면, 사랑은 받는 사람보다 주는 사람에게 더 큰 기쁨으로 돌아옵니다. 따라서 사랑에는 공급자와 수요자가 따로 있는 것이 아니라 양쪽 모두가 공급자이며 수요자입니다. 갑을 관계가 있다면 그것은 사랑이 아닌 계약 관계입니다. 그 미국인은 한국인 가족에게 자신이 갑, 공급자로 기억되는 사랑의 횡포를 만들지 않았습니다. 한국인 가족이 스스로 갈도록 도움을 준 사람으로 기억하게 해서 수평적 관계를 만들었습니다. 대단한 센스입니다.

◎ 당신도 천사다

셋째, 사의를 정중히 거절하고 당신도 그와 같이 행하세요, 라고 경전에나 있을 법한 말을 했기 때문입니다. 선의를 받은 사람이 선의를 베푼 사람에게만 고맙다는 생각을 하게 한다면 그 사람에게만 잘할 뿐, 사랑의 자장은 넓혀지지 않습니다. 그러나 그가 행한 선행이 기억에 남는다면 사랑의 의무감이 생기고 사랑의 자장은 넓어집니다.

생색내기 봉사는 자기만족 행위에 불과합니다. 오른손이 하는 일을 왼손이 모르게 하라는 성경 말씀은 선행의 주체는 잊고 선행 자체를 기억해 누군가에게 선행을 베풀라는 것입니다. 천사가 되라는 것입니다. 만일 당신이 대가 없이 선한 일을 했다면 그 순간 당신은 하늘이 보낸 천사입니다. 천사에게는 하늘의 보상이 있습니다.

세상이 아무리 삭막해도 사람이 있는 곳에는 어느 곳이나 천사가 있습니다. 사람이 천사입니다.

싫든 좋든
올 것은 오기 마련입니다

나쁜 경험에 대처하는 법

◎ **로맨티스트와 감상주의자**

로맨티스트(romantist)는 인생의 멋을 알고 즐기는 능력을 가졌습니다. 그들은 다른 것은 뒤로하고 우선 감상에 젖을 수 있는 여유가 있습니다. 반면, 감상주의자(sentimentalist)는 감상에 너무 깊게 빠져 현실을 보지 못하고 허우적거리는 사람입니다. 전자는 자아의 현실 검증 능력이 있지만, 후자는 현실 검증 능력이 떨어집니다. 전자는 감상을 현실과 접목하는 기술이 있어 고유한 행복을 얻지만, 후자는 감상이 현실과는 무관하게 독립적인 인격이 되어 엉뚱한 사고나 행동에 빠질 수 있습니다. 감상주의자와 로맨티스트는 거의 동일어로 쓰이지만 의미는 이렇게 구분되어야 옳습니다.

간혹 감상주의자는 뛰어난 매력을 지닌 것처럼 보여 사람들을 끌어들이지만, 그 사람들과 관계를 맺지 못하고 거리 두기를 해서 그는 외롭습니다. 반면 로맨티스트는 감상주의자처럼 강력한 매력은 없지만, 그는 주변에 늘 친구가 있어 외롭지 않습니다. 감상주의자는 외부 자극에 지나치게 민감합니다. 바람에 나뭇잎이 움직이는 아주 작은 외부 자극에도 여린 마음이 동요되어 하늘을 우러러 한 점의 부끄러움이 없기를 다짐하는 것은 20대의 순진한 감상주의입니다. 그렇게 살려다 자신의 잠재력은 다 억압하고 사회의 부적응자가 될 수 있습니다. 로맨티스트는 작은 외부 자극을 가지고도 삶을 즐겁게 살 수 있는 방법을 생각하고 압니다.

◎ **좋은 자극? 나쁜 자극?**

인간인 한 우리는 하루도 예외 없이 외부 자극과 맞서야 합니다. 만일 삶에 자극이 없다면 낙차 없는 잔잔한 강가와 같아 잠깐은 평화로울 수 있지만, 거기는 에너지의 순환 작용이 없어 산 사람을 죽은 사람처럼 만듭니다. 외부 자극은 에너지의 원천입니다.

"자 올 것이 왔구나. 난 너를 기다리고 있었어. 너는 나의 잔잔한 강가에 낙차를 만들어 요란하게 할 거야."

인생사 올 자극은 다 오게 마련이고, 오는 데는 다 이유가 있습니다. 오고, 반드시 와야 하는 것이기에 좋은 자극과 나쁜 자극은 분리할 수 없습니다. 두 자극의 낙차로 생긴 에너지로 사람이 사는 겁니다. 3세 이후의 아동이 "아빠 미워, 엄마 좋아" 혹은 "엄마 미워, 아빠 좋아"를 반복하면서 양극의 차이로 생기는 에너지로 또래 집단에 들어가 적응합니다. 즉, 아동은 부모가 전적으로 좋거나 전적으로 나쁘지 않은 것을 알기에 새로운 집단에서 새로운 사람들과 관계 경험을 확대해 나갈 수 있습니다.

연약한 인간은 신화를 쓰기 좋아하고 그래야 삽니다. "외부 자극을 수용하면 마음이 평화로워지겠지" 하는 유혹을 조심해야 합니다. 자극은 자극입니다. 가장이 직장에서의 해고를 받아들였다고 해서 재취업의 희망을 가지는 것은 아닙니다. 갑자기 찾아온 질병을 받아들였다고 해서 질병의 근심이 없어지는 것은 아닙니다. 실패를 받아들였다고 해서 당장 긍정 마인드로 바뀌는 것도 아닙니다.

자극을 받아들였다면 이제 당신이 해야 할 일은 그만큼의 고통을 받아들이는 겁니다. 이전에는 없던 고통을 받아들이면 마음의 평형은 깨집니다. 마음의 평형은 깨지라고 있는 것입니다. 얼마간 혹은 상당한 기간은 힘들지만, 깨진 평형의 낙차는 새로운 정신 에너지를 만들어 창조적 아이디어를 창출합니다. 모든 것이 생각대로 쉽지는 않습니다. 그러나 낙차의 에너지를 사용하는 사람은 결국 새로운 질서에 편입합니다.

외부의 자극을 거부만 하거나 부정적으로 해석하는 습관은 인생을 고통스럽게 합니다. 일체의 고통으로부터 자유로워지려는 수도사의 완덕(完德)은 일체의 고통을 없게 하는 것이 아니라 일체의 고통이 자연스러운 생명 현상임을 깨닫는 것입니다. 좋은 것만 기대하거나 나쁜 것을 무조건 좋은 것으로 만들려는 얌체 심리를 조심해야 합니다. 얌체 심리는 자연의 질서에서 벗어난 트릭입니다. 무미건조한 세상에서 트릭은 매력적이어서 사람의 마음을 유혹하지만, 사람들이 거기에 물들면 얌체 세상이 되어 버립니다.

◎ 얌체 심리와 은근함의 심리

은근함의 심리를 배워야 합니다. 새옹지마, 모든 것은 변해 인생의 길흉을 예측하기 힘들다는 자세는 은근함의 심리입니다. 은근함의 심리는 판단을 유보하기에 예측과 결과에 따라 마음이 움직이지 않습니다. 그렇다고 감정이 죽은 것은 아닙니다. 어떤 외부 자극도 은근함으로 받아들이고 느낄 준비를 갖춘 상태입니다. 은근함의 심리는 주관에 빠지는 것의 허구성을 잘 알고, 객관이 가진 껍질도 잘 압니다. 이뿐만 아니라 주관적 낭만과,

객관적 희망을 보고 자기와 타인의 삶을 받아들입니다.

감상주의자인 그는 직장에서 실수를 해서 상사에게 꾸중을 들었습니다. 그는 수치스러운 경험을 주관적인 세계로 끌어들여 상사를 나쁜 사람으로 만들거나 취약한 자아를 확대시키며 고통스러운 만족을 찾습니다. 상사가 나를 미워하는 거야, 무시하는 거야, 내가 능력이 너무 많아 시기하는 거야, 직장을 그만두어야 하나, 내 능력이 혜성처럼 빛나 직장을 구원할 그날을 참고 기다려야 하나, 하면서 그는 사소한 자극 하나도 감상주의로 해석해 에너지를 온통 그리로 빼앗깁니다. 감상주의자는 외부 자극에 대해 피해망상과 과대망상을 만들어 내고 그것을 믿어버리는 재주가 남다릅니다.

감상주의가 현실과 비겁하게 타협한 것이 얌체 심리입니다. 얌체 심리는 힘에 매우 약해 힘에 따라 배를 옮겨 탈 준비를 합니다. 그가 얌체 심리를 가졌다면 상사에게 인정을 받으려 이중 트릭을 쓸 것이지만 떠날 준비도 함께 합니다. 낭만주의가 좀 더 현실로 내려앉은 것이 은근함의 심리입니다. 그가 은근함의 심리를 가졌다면 상사의 꾸중에서 자기 문제를 읽을 것이고, 자기를 객관화해 그 피드백으로 주관적 능력을 발견해서 직장에서 도움이 되는 사람이 됩니다. 그는 자기가 탄 배를 힘 있게 만들어 굳이 옮겨 탈 준비를 하지 않습니다. 왕정시대 조정의 간신은 얌체 심리를, 충신은 은근함의 심리를 가졌습니다.

◎ 받아들임의 기적

한 인간의 외부 자극 해석 방식은 거의 무의식에 따릅니다. 무의식은 이전 관계 경험에 기초하고 있습니다. 심리학은 결국 인격의 문제도 이전 관계 경험의 산물로 보아 동정과 치료의 여지를 남겨놓는다는 점에서 희망입니다. "비인격적인 저 사람은 나쁜 사람이야"를 "비인격은 사람이 나쁜 것이 아니라 치료의 대상이야" 하고 문틈을 열어 놓았습니다.

가을만 되면 감상주의에 사로잡혀 힘들다는 중년 남성이 있었습니다. 그의 피부는 가을을 알리는 일교차에도 민감해집니다. 여린 마음은 막연한 그리움과 우울감에 빠집니다. 퇴직하려면 아직도 10년 이상 남았는데, 사람들이 싫어지면서 조기 퇴직해 어딘가로 떠날 궁리를 합니다. 주말을 이용한 잠깐의 여행은 도움이 안 됩니다. 한여름 더위를 잘 버텼는데, 도대체 가을이 뭐길래 사람의 마음에 불질을 한단 말입니까. 그의 친구들은 넌 원래 가을 타잖아, 합니다만 인간은 조화로운 존재여서 원래 타고나는 것도 조화롭습니다. 지나친 것이 있다면 환경의 산물입니다. 그의 가을 감상주의에는 사연이 있습니다.

그가 중학교 다니던 가을 어느 날 그의 어머니는 세상을 떠났습니다. 장례식 내내 가을의 일교차는 그의 마음을 차갑게 했습니다. 그 즈음에 사춘기의 한랭전선이 어머니와의 관계를 차갑게 했는데, 이젠 보상해 드릴 기회도 잃은 것입니다. 먼저 가신 어머니가 미웠고, 어머니를 미워한 자신이 또한 미웠습니다. 그에게 모친 사별은 산더미 같은 외부 자극이었습니다. 가을은 그에게 어머니를 앗아간 우울하고 그리운 계절이 되었습니다.

그동안 잊고 살아온 가을의 아픈 기억이 중년의 가을을 맞아 낯선 손님이 되어 찾아온 겁니다. 그의 우울감은 엄마에 대한 죄책감이고, 그의 그리움은 엄마에 대한 그리움입니다. 그가 가고 싶은 곳은 무의식 안의 엄마가 계신 곳입니다. 그곳은 가상의 세계일 뿐, 실제 세계는 아니어서 어디로 떠난들 그에게 만족을 줄리 없습니다. 가을이면 없는 그곳을 찾는 그는 가을병 환자입니다.

외부로의 여행은 일순간 카타르시스만 있을 뿐, 그는 치유를 위해 내면의 여행을 해야 합니다. 내면의 여행은 당시 받아들일 수 없었던 모친 사별의 자극을 다시 만나게 해 줍니다.

슬프면 울어야 하고, 원망스러우면 분노도 해야 합니다. 아무리 사랑하는 대상이라도 미움의 감정도 함께 있는 것이 인간입니다. 사람들은 다양한 감정을 몰고 오는 사건일수록 처리가 힘들어 억압합니다. 억압된 사건은 불편한 감정으로 물들지만, 나쁜 사건이라도 풀어 놓으면 좋은 배색이 됩니다.

그가 청소년 시절 엄마에게 원했던 것, 엄마가 그에게 원했던 것, 엄마가 세상을 떠나던 당시를 생생하게 짚어 보고 나누지 못했던 솔직한 고백들을 하게 되면 '모친 사별'은 받아들일 수 없는 것에서 받아들일 수 있는 외부 자극이 됩니다.

인생에서 가장 아픈 외부 자극은 사별입니다. 사랑하는 사람과 사별 없는 세상은 천국에나 있을 뿐, 현실에서는 앞선 사람이 떠남으로써 이후 세대가 오는 법입니다. 하지만 떠남은 순서가 없어 세대 구별도 죽음 앞에서는 무의미합니다. 떠난 사람을 잘 떠나보냄으로써 좋은 경험이 축적돼 지금 살아 있는 사람에게 더 잘할 수 있습니다.

어떤 강질의 외부 경험이라도 풀어 놓으면, 연질이 되어 속에 숨은 금덩이 하나 건집니다. 원하지 않은 강한 외부 자극이 올 때, 올 것이 왔다고 받아들입니다. 그때는 그만큼의 고통도 함께 받습니다. 은근함의 심리로 고통을 받아들이는 것, 그 이상의 좋은 경험은 없습니다.

좋은 경험은 내면의 불안을 이기게 합니다

불안의 심리학

◎ 불안과 인간관계

불안(anxiety)과 두려움(fear) 중 어느 것이 먼저일까요? 정신분석에서는 불안이 먼저이고 뒤따라오는 것이 두려움입니다.

이유 없이 직장 상사를 두려워하는 사람이 있다고 합시다. 그의 내면에 있는 실체를 정확히 알 수 없는 불안이 특정 대상에게 투사돼 두려움을 만든 것입니다. 어린 시절, 동네 음침한 골목길에 밤만 되면 귀신이 출몰한다는 소문이 돌았습니다. 날만 어두워지면 두려움 때문에 동네 어린이들이 그곳을 지나가지 못하거나, 쏜살같이 지나갔습니다. 성장기 어린이의 미해결된 불안이 향하기 좋은 곳으로 투사돼 귀신 공포를 만든 것입니다.

불안이 선천적인 것인지 후천적인 것인지 심리학자들이 관점에 따라 설명할 뿐 정확한 정체는 알 수 없고, 다만 생애 초기부터 존재한다는 데는 동의합니다.

가령, 불안 지수가 높게 태어나거나 혹은 환경의 결손으로 불안 지수가 높은 어린이들은 그렇지 않은 어린이들에 비해 두려운 대상을 많이 가집니다. 불안 지수가 높으면 어린이들은 새로운 사회로 나가는 것을 두려워하고 엄마 품에 머물러 있으려고 합니다. 유치원에 가서 새로운 친구를 사귀는 것이 기쁨이 아니라 두려움이 됩니다. 가더라도 낯선 아이들과 함께하는 것이 두려우니 혼자 놉니다. 친구를 사귀는 방법과 유치원에 가야 하는 필요성에 대해 아무리 설명해도 안 먹힙니다.

그러나 어린이의 내면에 잠재된 불안이 어떤 것인지 알고, 그 불안을 완화시켜 준다면 두려움은 현저히 감소해 유치원에 가는 것과 친구 사귀는 일을 쉽게 할 수 있을 것입니다. 어린이들이 성인에 비해 불안 지수가 높은 것은 불안의 총량이 더 많아서가 아니라 불안을 다루는 자아의 능력이 발달되지 않았기 때문입니다.

청소년들은 소리를 지르고 눈을 감으면서까지 공포영화를 즐기는 시기가 있습니다. 그들의 미해결된 불안을 공포영화에 투사해 무의식이 아닌 의식적 수준에서 다루려 하기 때문입니다. 무의식에 있는 것들을 의식적 수준에서 다루는 일 자체는 두려움을 제거하고 발달을 가져옵니다. 청소년들은 발달을 향한 강력한 드라이브가 걸리는 시기이기에 부정적 감정도 더 많이 표출합니다. 이 시기에 가위 눌리는 꿈을 종종 꾸는 이유는 불안을 보다 처리하기 쉬운 두려움으로 바꾸려 하기 때문입니다. 귀신으로 바뀐 두려움은 귀신을 제거하려 하거나, 혹은 귀신이 실체가 아님을 인식하면 간단히 해결될 수 있다고 믿습니다. 그렇다고 인간의 불안이 근본적으로 해결되는 것은 아니지만, 인간은 유전적이고 환경적 요인에 의해 불안을 이겨내는 다양한 기술들을 개발해 냅니다.

불안이 많은 사람일수록 더 많은 불안을 외부로 투사해 세상은 두려움으로 가득 차 있다고 여깁니다. 반면 좋은 경험이 축적된 사람일수록 좋은 것들을 외부로 투사함으로써 그만큼 세상은 좋은 곳이라고 생각합니다. 전자는 인간관계 안에서 거리 두기로, 후자는 인간에 대한 호의로 나타납니다.

◎ **좋은 경험이 불안을 완화시킨다**

인간관계 능력의 원천은 의식적 노력보다는 무의식의 역동성에 달려 있습니다. 좋은 관계를 맺으려는 의식적 노력이 좋은 관계를 만드는 것이 아니라 좋은 경험의 내면화가 좋은 인간관계의 능력으로 나타납니다. 좋은 경험은 내면의 불안을 완화시킴니다.

친구를 잘 사귀지 못하는 아이가 있다면 부모는 '아, 이 아이의 내면에 불안이 있구나!' 하고 좋은 경험을 제공해 주면, 어린이는 내면의 불안이 점차 줄어들어 두려운 외부 대상도 줄어듭니다. 내면의 세계에 들어가 있던 아이가 밖으로 나와 외부 세계와 관계를 맺게 됩니다. 놀이치료사는 별로 한 것 없이 어린이와 잘 놀아만 주었는데도 아동이 치료되는 것을 봅니다. 아동은 그의 부모가 하지 못한 잘 놀아만 준 치료사와의 경험을 내면화해 좋은 내적 대상을 만들기 때문입니다.

인간의 도덕성도 좋은 경험의 내면화로 형성됩니다. 도덕 시험이 100점이라고 100점짜리 도덕적 인간이 되는 것은 아닙니다. 만일 도덕이 교육으로만 다 된다면, 대한민국 국회의원의 조건을 도덕 점수 90점 이상으로 하면 선진 국가가 될 것입니다. 사회 지도층으로 불리는 대부분의 사람들은 상위 1~3%에게만 문을 열어 주는 우리나라 최고의 대학 졸업장을 가지고 있습니다. 학창 시절, 그들에게 도덕은 점수 따기 좋은 학과목이었습니다. 도덕 점수와 도덕성이 별개임은 우리나라 정치 수준이 말해 줍니다.

도덕도 일종의 문화 현상이어서 시대와 상황에 따라 바뀌지만, 도덕성은 인간의 관계 경험에 기반을 두고 있습니다. 좋은 관계 경험이 축적된 사람은 본인이 희생하더라도 좋은 세상을 만들려는 좋은 도덕성을 가집니다.

히틀러는 그의 계부와 나쁜 관계 경험을 했고, 계부에 대한 공격성이 유대인에 대한 끔찍한 공격성으로 나타났습니다. 어떻게 지구상의 유대인들을 전멸시키겠다는 악마적인 생각과 행동을 할 수 있었겠습니까? 도덕성의 문제라기보다는 그의 사악하고 나쁜 내적 대상이 경쟁 민족으로 여긴 유대인에게 투사된 것입니다.

링컨은 그의 계모와 맺은 좋은 관계 경험을 세상에 투사해 노예를 해방시킨 도덕성 높은 지도자였습니다. 노예제도를 유지하기 원하는 보수층의 집단적 공격의 위험을 무릅쓰고 노예를 해방시킨 것은 성경에 기초한 유년기 좋은 경험들이 가져온 결과입니다. 물론 한 개인의 도덕적 수준을 무조건 어린 시절 관계 경험으로만 해석하는 것은 무리지만, 그것은 상당히 인과관계가 있습니다.

◎ **불안 다루는 법**

인간에겐 피할 수 없는 실존적 불안이 있습니다. 우린 여전히 정체 모를 불안과 싸워야 하고, 그것은 종교와 문화와 예술로 발전하고 계승되었습니다. 불안의 근원을 알 수 없듯이 불안이 승화된 종교, 문화, 예술의 본질도 알 수 없습니다. 신은 증명할 수 없고, 문화의 기원은 너무나 길고 넓어 연구에 한계가 있고, 예술은 합리성 너머에 있습니다. 알 수 없는 것의 본질을 규정하고, 본질이 아닌 것을 가르고 평가하는 것은 불안에 대한 또 다른 방어에 불과합니다.

오랜 세월을 거쳐 불안이 승화된 체계에는 인간의 불안을 가장 이상적으로 다루는 높은 정신이 담겨 있습니다. 우린 그것을 느끼고 마음으로 하나 되는 경험을 하면 충분합니다. 종교, 문화, 예술은 좋은 경험을 제공해 인간의 불안을 완화시켜 높은 도덕성으로 이끄는 강력한 힘이 있습니다. 빨리만 달리려고 좋은 경험을 다 놓칠 게 아니라, 느림보가 되어 좋은 경험을 다 하며 사는 것이 죽을 때 후회거리를 줄입니다.

엄청난 4대강 공사는 강물이 불안을 다룰 틈도 주지 않고 너무 빨리 진행되어 녹조 현상이라는 위험한 방어기제를 만들었습니다. 본래 자연 그대로는 제 속도가 있습니다. 지구의 속도를 전혀 느끼지 않을 때 가장 안전합니다. 자연스럽지 않은 속도의 변화는 불안을 방어하려는 어떤 일들이 일어난 것입니다. 그 어떤 일을 인위적으로 만드는 것은 안 하느니만 못합니다.

인간이 하는 가장 좋은 경험은 자연스러운 것이어야 합니다. 컴퓨터 게임보다는 달리기에서 이긴 것이 좋은 경험으로 남습니다. 도시의 콘크리트 도로를 걷는 것보다는 거친 흙길을 걷는 것이 더 좋습니다. 억지로 웃는 웃음치료보다 자연스럽게 웃는 웃음이면 더 좋습니다. 결혼정보회사에서 제공하는 규격화된 만남보다는 우연한 만남이 엔도르핀 분비를 촉진합니다. 자동차보다는 도보 여행이 더 오래 남을 추억거리입니다. 친환경 국가일수록 행복지수가 높고 녹색이 보존되지 않은 문명국가일수록 행복지수가 떨어지는 현상은 우연이 아닙니다.

자연스러운 좋은 경험거리는 바로 당신 가장 가까이 있어 당신의 삶을 끌어올립니다.

우리는 모두 불안하니까 성장합니다

생애 주기별 불안 다루기

◎ 불안은 에너지다

평범한 직장인이 있습니다. 그는 생존을 해야 합니다. 생존은 뭔가를 늘 요구합니다. 그런데 뭔가는 저절로 주어지지 않습니다. 없는 것을 만들어 내 것으로 하려니 불안할 수밖에 없습니다. 모든 것이 충족되었다는 에덴동산에서도 인간에게 욕구가 있었고, 그것은 하나님과 같아지려는 것이었습니다. 그들은 불안을 해소하려고 뱀과 타협했습니다. 성경은 창세의 서사 후에 인간의 욕망을 다루는데 그것은 매우 구체적입니다.

그런데 직장인이 생존 욕구가 없다고 합시다. 그는 더 얻을 것도, 얻어야 하는 것도 없습니다. 아무 생각 없고, 아무것도 안 하는 식물인간에게는 불안도 없습니다. 그는 내적으로 너무나 완전한 평화에 이르러 살았으나 죽은 인간과 다름없습니다. 그가 생존을 위한 뭔가가 부족하다는 것을 느낄 때, 불안이 오고 불안은 삶의 동력이 됩니다. 따라서 인간의 본능에는 수치스러운 것이 많이 있음에도 불구하고 그것은 또한 에너지의 원천입니다.

인간은 불안하니까 삽니다. 자기 불안을 알아차리는 사람은 스스로 불안을 처리하고 승화시킬 방법들을 찾습니다. 반면 불안을 부인하고 억압하는 사람은 불안을 외부로 투사해 세상을 불안한 나쁜 것으로 만듭니다. 이것은 정신질환이나 성격장애의 원인이 됩니다. 의존성이 강한 사람은 아기와 같아서 제 불안을 타인에게 전가합니다. 성숙한 사람은 제 불안은 스스로 처리하고, 타인에게는 긍정적인 것을 제공해 좋은 관계를 만듭니다. 생애 주기별로 불안이 어떻게 삶의 동력으로 사용되는지 살펴보겠습니다.

◎ **유아기적 불안**

엄마와의 만족스러운 2자 관계를 형성하고 있는 초기 유아의 불안은 환상에 근거하고, 신체적 반응과 울음으로 불안을 엄마에게 보냅니다. 아기는 제 불안을 엄마가 대신 느끼게 해서 불안을 완화합니다. 이것을 투사적 동일시라고 합니다. 성인들도 상담실이나 그 밖의 다른 관계에서 제 불안을 다른 사람이 똑같이 느끼게 해서 불안을 완화하려는 시도를 합니다. 불안이 많고 아기와 같은 심리여서 불안을 다룰 수 없어 그런 심리 현상이 일어나는데 본인은 모릅니다.

건강한 사람이 이걸 받아 주는 일은 매우 힘들지만, 때때로 받아 주는 것은 상대를 위해 큰 봉사를 하는 것이나 다름없습니다. 엄마는 아기에게 만족스러운 경험을 반복해 주면서 아기의 불안은 점차 줄어듭니다. 환상이 좋은 경험과 만나 현실이 되는 과정입니다. 남에게 제 불안을 밀어넣는 성인의 성격 구조도 만족스러운 경험이 축적되면서 불안을 스스로 다룰 힘을 가집니다. 환상이 현실과 만나는 것입니다. 아기의 많은 불안은 환상에 근거하고, 대상을 만나 환상적인 것들이 현실적인 것들로 변형됩니다.

아기가 3세를 넘어 자아의 많은 부분을 차지하는 환상에서 벗어나면 제3의 존재인 아버지를 의식합니다. 아버지는 엄마처럼 무조건 수용하기보다는 엄마 품에서 나오라고 금기와 외부 생활의 원리를 제시합니다. 아침에 출근해 밤에 돌아오는 아버지에게서 또 다른 세계가 있음을 아기는 서서히 알아 갑니다. 자기도 언젠가는 그리로 나가야겠지만, 이것은 매우 불안하고 모욕적인 일이기까지 합니다.

아기가 어린이집에 가지 않으려 하고, 막상 간다고 해도 쉽게 또래와 어울리지 못하는 것은 외부 세계에 대한 불안 때문입니다. 엄마와 함께 놀이터에 가서 재미있게 놀다가도 불안해지면 고개를 돌려 그 자리에 있는 엄마를 한 번 확인하고 나서야 다시 놀이에 집중합니다. 바깥세상으로 나가야 하지만 다시 엄마 품으로 돌아가고도 싶어 합니다. 두 가지 동기가 갈등을 일으키기 때문에 짜증을 잘 내는 '미운 네 살'이 됩니다. 그렇다고 엄마만 붙들고 있으면, 엄마 또한 여기에 동조한다면, 아이는 외부와 만나지 못하는 영원한 어린이가 되어 버릴 것입니다.

인간의 모든 불안은 욕구와 관련되어 있습니다. 즉, 욕구는 큰데 현실은 제 욕구를 다 담지 못할 때 불안해집니다. 이 시기의 아동은 엄마의 왕자나 공주이고 싶은 욕구를 포기하고 또래의 평범한 친구로 내려와야 불안하지 않습니다. 공부를 안 하는 아이가 중간 정도의 시험 점수를 기대한다면 불안하지 않습니다. 공부는 안 하면서 높은 시험 점수를 욕구하니 불안해지는 것입니다.

관계도 마찬가지입니다. 타인에 대한 기대를 내려놓으면 인간관계가 매우 편합니다. 그러나 많은 사람은 유아기 부모에 대한 기대를 타인에게 전이시키고, 타인은 내 부모가 아니기에 그 욕구를 절대 충족시켜주지 못하니 불안해집니다. 욕구를 내려놓고 낮아질 각오를 하면 오히려 두려울 것이 없습니다.

◎ 질풍노도의 불안

초등학교에 들어간 아이는 사회화를 위해 본격적으로 사회적 규범을 받아들입니다. 또래는 친구이며 경쟁자입니다. 경쟁에는 우열이 있어 불안하지만, 경쟁 불안이 사회화를 촉진합니다. 이 시기의 우열은 외적 차별인 상벌로 나타납니다. 이제 아동의 정체성은 부모의 칭찬이 아닌 학교의 칭찬으로 사회화돼 갑니다.

사춘기에 들어선 청소년은 부모와 분리돼 어른이 되어야 하는 성장 불안이 있습니다. 누구로부터 분리하려면 그 대상을 공격해야 합니다. 어른들과 분리돼 어른이 되려는 청소년은 일차적으로 제 부모를 공격합니다. 그리고 그 밖의 어른들을 불신합니다. 이는 거대 사회 구조를 불신하고 공격하는 형태로 나타나는데, 일탈이 여기에 속합니다.

어른이 되려면 경제적으로 독립해야 합니다. 경제적 독립은 초원에서 벌어지는 야수들의 포식 관계와 크게 다를 바 없이 냉혹합니다. 청소년은 거대 초원의 변두리에서 언젠가는 그 복판으로 들어갈 준비를 합니다. 그들의 불안은 현실적이고 구체적입니다. 이전처럼 환상 안으로 도피하거나 부모에게 의존해 쾌락을 추구할 수 없습니다. 그들의 신체가 말하듯 홀로 서려는 욕구는 강한데 아직은 경제적, 심리적으로 미숙해 갈등이 큽니다. 바로 질풍노도기입니다.

성인이 되어 각자 직업을 가진 그들은 거대 초원의 한 영역을 차지합니다. 야수들의 영역 다툼은 죽음을 불사합니다. 성인은 죽음도 불사하는 그 한복판에 서 있습니다. 강해야 살아남는 정글의 법칙이 남습니다. 아무리 이상적인 가치라도 힘의 논리 없이는 입증되기 힘듭니다. 어떻게든 살아남아야 하고, 살아남은 자의 가치가 이상적이 됩니다. 매우 모순이지만 현실이 그렇습니다.

순진한 청소년은 기성세대의 그런 모습에 눈살을 찌푸리겠지만, 그들도 언젠가는 눈살 찌푸림을 받을 것이고 그때가 되어서야 정글의 법칙을 이해합니다. 초원의 포식동물은 영토를 확장하고 사냥감을 얻으려 잠시도 쉼 없이 으르렁댑니다. 야수들의 원색적 생존 불안은 인간의 그것과 크게 다를 바 없습니다.

그러나 인간은 불안을 승화시키는 다른 방법을 터득한 유일한 생명체입니다. 원색적 생존 불안을 상징적 문화로 바꾸어 그 안에서 낭만을 추구할 줄 아는 것은 인간만이 가지고 있는 특권입니다. 이를 발견할 수 없다면 동물과 다름없습니다.

◎ 세대 충돌의 불안

중년기의 낯선 갈등은 가정에서 시작됩니다. 사추기인 그들의 자녀는 사춘기 청소년이 되었습니다. 사추기가 겨울로 들어

가는 인생의 쓸쓸한 바람을 마주해야 한다면, 사춘기는 여름으로 들어가는 인생의 황금기입니다. 사춘기가 내부에서 외부로 나오는 시기라면, 사추기는 다시 외부에서 내부로 들어가는 시기입니다.

이처럼 사추기와 사춘기라는 서로 다른 인생의 두 주기가 가정에서 맞불을 놓습니다. 다른 어느 생애주기보다도 역지사지가 힘든 두 세대의 충돌은 불가피합니다. 외부로 나오는 사춘기 청소년들이 그들 중년 부모의 내적 가치를 이해할 리 만무합니다. 중년의 부모는 살 만큼 살아 보았다며 자녀에게 훈계를 하지만 소귀에 경 읽기입니다. 가정에서는 이렇게 자녀문제로 묻어두었던 불안이 시작됩니다.

부부의 관점은 자녀 교육에 대해서도 늘 다른 법, 거기다 살 만큼 살아 본 부부관계는 소원해집니다. 의존을 떠나 겨울의 진입로에 홀로 있는 것 같은 중년은 불안합니다. 현실적 문제로도 불안합니다. 아직도 할 일은 많은데 세상은 삶의 중심 무대에서 "떠나라" 합니다.

중년의 불안은 그럴수록 외적인 것에 집착할 것이 아니라, 이제 그것들은 좀 놔두고 내면으로 돌아와 제 존재를 살핌으로써 해결됩니다. 그곳에는 외적 불안을 다룰 무궁무진한 내적 가치가 있습니다.

◎ 소외와 소멸의 불안

노년의 불안은 소외에서 비롯됩니다. 이제 그분들의 지인은 서서히 세상을 떠나 장례식 참석 빈도가 높아집니다. 지인 장례식에서 문상객들을 주의 깊게 살펴본 적이 있습니다. 아직 죽음을 생각하기에 이른 세대의 문상객은 빈소 앞에서 깍듯한 예의를 차립니다. 죽음은 내 일이 아니라는 여유가 있기 때문입니다. 반면 죽음을 준비해야 하는 고인과 같은 세대의 문상객은 살아온 한과 눈물을 품은 채 고인과 일치감을 느낍니다.

노인은 살아 있는 사람들로부터, 일로부터, 세상으로부터 고립됩니다. 저 앞에 있는 죽음을 의식하는 순간, 잠재되어 있던 유년기의 생존 불안이 유혹하기 시작합니다. 이 위기를 잘 다루지 못하면 심리적으로 어린이가 되어 괴팍한 성격으로 그들 자녀를 괴롭힙니다.

죽음 불안에 대처하는 비법은 존재하지 않습니다. 수용하거나 다른 집중할 일을 찾는 것 외에는 달리 방법이 없습니다. 생존 불안보다 죽음 불안이 더 커 노년의 우울증은 노인 자살이란 사회적 문제로 나타납니다. 불안은 자극제가 되어 성장하게 하거나, 도저히 다룰 수 없어 출생 이전의 퇴행으로 몰고 갑니다. 노인은 쉽게 치료될 수 있는 질병도 노화 현상으로 돌려 차라리 죽어 버리자는 충동을 가질 수 있습니다. 관계가 두절되는 시기일수록 관계를 만들어 외롭지 않아야 불안도 완화됩니다. 인간은 이처럼 불안과 싸우며 생존할 운명을 면제받지 못했습니다.

◎ 불안할수록 단순하라

행복하기 위해 불안을 최소화하려고 인간은 문명을 발전시킵니다. 문명 이전 시대에는 불안을 신에게 귀속해 달랬다면, 문명시대에는 과학에 귀속시킵니다. 전 세계의 정보가 손바닥보다도 작은 단말기에 들어와 있는 현대 문명은 상상할 수 없는 편의를 인간에게 제공했습니다. 그러나 어떤 현상도 양과 음이 공존합니다. 인류는 편의를 얻는 대신 인간성을 문명에 귀속시켜 발생한 새로운 불안 앞에 서 있습니다.

현대인에게 보편적으로 나타나는 신경증뿐만 아니라 사회 적응에 심각한 문제를 야기하는 성격장애도 심층 분석하면 자기의 고유성을 상실한 채 문명에 꿰어 맞추려다 생긴 마음의 병입니다. 한 국가의 행복지수는 신경증자 수와 반비례합니다. 신경증자가 많으면 그만큼 행복지수가 떨어지고, 적으면 그만큼 행복지수는 올라갑니다.

비문명지대 사람들은 삶의 많은 문제들을 단순화시킵니다. 그들이라고 불안이 없는 것은 아니고, 불안을 대하는 태도가 다릅니다. 가령 사고로 가족의 일원이 죽었다고 합시다. 현대인들은 운이 없어 일어난 '있을 수 없는 일'로 봅니다. 그러니 상대적으로 불행하고 가족 전체가 불행에 빠집니다. 반면 그런 일이 비문명인들에게 일어났다면 가족 전체가 불행에 빠지는 일은 거의 없습니다. 그들은 죽음을 '일어날 수 있는' 자연의 일부로 받아들이는 단순한 의식(cult)이 발달되어 있습니다. 미신이라고할 만한 그들의 단순한 믿음은 죽은 자와 산 자를 연결시켜 사별의 불안을 최소화합니다.

불안을 극복하는 최고의 방법은 세련되지 않은 단순성입니다. 푸에블로의 인디언들은 자신들이 태양의 아들이라는 사실을 아주 단순한 마음으로 믿습니다. 이것을 설명하는 합리적인도그마를 가지고 있지 않습니다. 문명인의 입장에서는 가당치도 않은 미신이지만, 그들의 믿음은 한정된 존재에 초월성을 부여해 불안을 완화시킵니다.

인생은 불안합니다. 생애 중요한 주기일수록 불안은 더 큽니다. 그럴수록 비문명지대의 아주 단순한 의식으로 돌아가 보세요. 그것은 당신 안의 불안을 이기는 잠재력을 일깨워 줍니다.

일어날 수 있는 일이
일어났을 뿐입니다

실수를 인정하기

◎ 인생에 월반은 없다

올라갈 때보다도 올라선 뒤의 실수를 주의해야 합니다. 아무
래도 올라가서는 올라갈 때보다 집중력이 떨어집니다. 집중력
이 떨어지면 마음이 한가해지고, 마음이 한가해지면 본래의 궤
도에서 벗어난 유아적 사고에 흔들려 실수를 합니다.

올라선 사람들은 우쭐해집니다. 거기까지 올라간 자기의 방
식에 광적 신념을 가지고 있습니다. 올라간 사람은 오르는 사람
을 내려다보기에 개구리 올챙이 적 생각 못하듯 남을 깔보는 자
만이 있습니다. 이렇게 집중력이 흩어지면 꼭 실수를 합니다. 그
자리에 오르려고 자신에게 얼마나 엄격했습니까? 그런데 실수

하나가 그를 그 자리에서 끌어내리는 경우를 종종 봅니다.

사회적으로 명망 있는 사람들이 저지르는 의외의 실수는 사람들을 놀라게도, 기쁘게도 하기에 충분한 큰 뉴스거리입니다. 기다렸다는 듯이 언론과 대중은 집중 포격을 가합니다. 왜냐하면 성공한 사람들은 대중의 인기와 시기심을 동시에 받기 때문입니다. 인기인에게 열광하는 팬들의 마음 한편에는 시기심도 있습니다.

이 시기심은 작은 빌미라도 발견하면 무서운 포탄이 되기도 합니다. 대중은 인기인에게 자신이 할 수 없는 이상적인 것을 투사해 대리만족을 얻고 있습니다. 그런데 그 이상화가 훼손되는 일이 발견되면 대중은 그만큼 자존감이 떨어지고 반응은 즉각적입니다. 정치인들은 국민의 관심을 돌리기 위해 연예인의 비리를 터뜨리는 경우가 있는데, 인기인에 대한 대중의 즉각적 반응을 이용해 화제를 돌리려는 속셈이고 대중은 쉽게 속아 넘어갑니다.

성공한 사람일수록 외길을 걸어왔습니다. 그들은 하나는 알고 둘은 모른다, 융통성이 없다, 자기 신념에 충실하기에 대쪽 같다 등의 평가를 받기 쉽습니다. 그들은 인간적 약함이나 유아적 욕구들을 억압함으로써 성공했습니다. 그러나 억압된 것들은 어떤 방식으로든 반드시 표출됩니다. 바로 그 억압된 욕구들이 유아적 속성을 가지고 실수의 형태로 나타나는데, 엄밀히 말하면 실수라기보다는 잘 다루어지지 못한 욕망들입니다.

억압된 것들은 그것이 분출될 환경과 자극이 조성되면 무의식에서 의식으로 뚫고 나옵니다. 그것은 매우 유치한 실수로 나타납니다. 하나, 권력과 부가 그 실수를 정당화한다면 그 집단은 유아적으로 퇴행하는 매우 불행한 일이 발생합니다. 성공자라 해도 얼른 실수를 인정하고 자기 변혁을 위한 문을 열어 놓아야 합니다.

인간은 실수를 통해 배운다는 게 옳습니다. 실수를 하지 않는 사람은 없겠지만, 혹 있다면 그는 강박 신경증 환자입니다. 인간은 실수를 하지 않거나 부정함으로써 성장하는 존재가 아닙니다. 에디슨의 발명품은 실수의 산물입니다. 실수할 때마다 그의 마음은 무너져 내렸겠지만, 오뚝이처럼 일어섰습니다. 작가는 실수 범벅인 초고에 수없이 많은 손질을 거쳐서 명문장을 탄생시킵니다. 명저는 재능보다는 인내의 결실입니다.

실수를 부정하거나, 실수가 두려워 아무것도 하지 않는다면 그는 성장할 수 없습니다. 대부분의 사람들은 남들이 자신의 실수에 민감하거나 오래 기억한다고 생각하는데, 그런 일은 거의 없음을 깨달아야 합니다. 당신이 남들의 실수를 오래 기억할 만큼 한가하지 않은 것처럼 다른 사람들도 한가하지 않습니다.

한 명의 위인이 탄생하기까지, 그가 겪어야 하는 실수는 알려진 것 이상입니다. 전기나 신화에서는 실수하지 않는 위인을 만들어 띄웁니다. 그것은 실수하지 않는 위인이 있기를 바라고, 그럼으로써 자신도 실수 없는 위인이기를 바라는 욕망의 대리만족에 불과합니다. 위인이라 일컬어진 사람들은 작가에 의해 지나치게 다듬어진 면이 있습니다. 위인이 보통 사람처럼 실수를 했다는 것을 집단의식은 받아들이려 하지 않습니다.

전기 작가는 객관적 사실뿐만 아니라 독자의 욕구도 살핍니다. 특정 시대에, 특정 집단에서는 집단정신을 하나로 묶을 의도로 뛰어난 선구자를 만드는데 이것은 허구입니다. 인간이 추구하는 기대는 높지만, 인생에 월반은 없습니다. 치를 것을 다 치른 뒤에야 사람이 됩니다. 성자는 죄를 짓지 않는 사람이 아니라, 누구보다도 죄에 민감해 더 많이 참회하며 성화된 사람입니다. 그래서 성자는 타인을 정죄하지 않습니다. 타인이 저지른 죄가 없어서가 아니라, 그 죄가 자신에게도 있음을 뛰어난 직관력으로 알기 때문입니다.

◎ **정서적 감기 현상**

누가 실수를 해서 관심이 집중되면, 주변 사람은 예민해지고 자기는 그 실수와 무관한 사람처럼 반응합니다. 실수한 당사자의 자존감은 바닥으로 떨어집니다. "만일 ~하지 않았더라면!" 하고 밤잠을 설쳐 수면제의 도움을 받아야 합니다. 남의 실수를 보는 사람의 비난, 실수한 사람의 무너진 자존감, 이 둘은 일종의 감기 현상입니다. 감기는 기가 떨어져 걸립니다.

사람도 기가 떨어지면 실수를 반복하거나 남의 실수에 민감해 자신을 덮으려 합니다. 실수가 잘못 다루어지면 당사자는 평상심을 빼앗겨 이차 정서적 증상으로 괴로워하는 것처럼, 감기도 잘못 다루어지면 합병증을 만들어 건강에 해를 끼칠 수 있습니다. 감기는 잘만 달래면 시간이 지남에 따라 반드시 사라집니다. 인생의 어떤 실수라도 자신을 비난하지 않고 잘만 달래면 시간이 지나 반드시 치유됩니다. 감기는 충분한 휴식을 대체할 어떤 비상약도 없습니다.

실수에도 충분한 정서적 휴식이 필요합니다. 그것은 모든 사람이 자신을 비난해도 자기 자신을 끝까지 지지하고 격려하는 것입니다. 아무리 건강관리를 잘해도 감기는 찾아오듯 아무리 조심해도 실수는 찾아오게 마련입니다. 감기는 바쁘고 지친 사람에게 재충전의 기회를 제공합니다. 실수는 앞만 바라보고 가는 사람에게 잠깐 쉬었다고 가라는 메시지입니다.

한 번의 실수가 그동안 쌓은 공을 하루아침에 엎어놓는 것은 아닌지 노심초사합니다. 그런 경우는 매우 드뭅니다. 실수를 비난하는 사람들도 시간이 지나면 객관적 판단을 할 줄 압니다. 물론 큰 실수는 당신을 긴 시간 동안 힘들게 할 것입니다. 독감이 왔다고 생각하면 어떨까요?

독감을 예방하는 대책들이 있지만, 오는 독감은 막을 수 없는 것처럼 큰 실수도 그러합니다. 한 번쯤 올 큰 실수가 왔습니다. 합병증이 심해 치유 시간이 좀 더 필요할 뿐 휴식만 잘 취하면 그 또한 지나갑니다. 큰 실수로 마음이 약해진 틈을 타서 인간이 얼마나 약한 존재인지 겸손을 배우는 중입니다. 지난날의 교만을 참회 중입니다. 남을 원망하면 해결 방법이 없고, 자신을 원망하면 우울증에 걸립니다. 올 것이 왔다고 생각하고 오는 여러 감정들을 그대로 받아들이세요. 수치스러운, 모욕적인, 억울한, 부끄러운, 공격적인, 당신은 이전에 알지 못했을 새로운 내면의 감정들과 조우 중입니다.

변명도 방어도 마세요. 올 것이 왔습니다. 있는 그대로 느끼라고 왔습니다. 꼭 필요할 것 같은 그 많은 말과 행동은 무익합니다. 침묵은 내면으로의 여행을 촉진합니다. 당신은 성장 중입니다. 큰 실수는 큰 깨달음 하나를 남기고 다음을 기약합니다.

그래도 연약한 사람인지라, 실수로 상처받은 마음을 어떻게 해야 하느냐고 묻습니다. 마음이 상했다는 것은 감정의 문제입니다. 받아들일 수 없는 감정 때문에 마음이 상한 것입니다. 받아들일 수 없는 감정이라 규정하지 마세요. 나에게 일어나는 모든 감정은 다 받아들일 수 있습니다. 하늘은 받아들일 수 없는 감정을 사람에게 내리지 않습니다. 거부하려니까 그것들이 마음에 흠집을 만듭니다. 받아들이면 마음의 흠집은 상처가 아니라 훈장이 될 수 있습니다. 실수 때문에 흘린 피와 고름은 치유하는 올리브기름 분비를 촉진합니다. 치유하는 기름은 피와 고름이 섞여야 제 효능을 발휘합니다.

이렇게 해서 아픈 상처는 아물고, 아문 흔적 위에 인생의 교훈은 새겨집니다. 실수는 실수의 강도만큼 아프라고 준 것입니다. 알코올로 도망가면 알코올 중독이고, 일로 도망가면 일 중독이고, 약물로 도망가면 약물 중독이고, 종교로 도망가면 성장 없는 종교 중독이 됩니다. 직면하기가 힘들면 임시방편으로 생각을 다른 곳으로 돌릴 수 있으나, 다시 돌아와 본래 감정을 만날 준비는 하고 있어야 합니다.

◎ **실수 끌어안기**

실수는 혼자 하는 것이 아니라 반드시 대상이 있습니다. 모든 실수는 공동 작품입니다. 책임도 공동으로 져야 합니다. 남 탓은 금물입니다. 모두가 각자 몫을 지고 시간을 기다리면 새로운 일이 일어납니다. 폭력적인 남편과 이혼하고 새 출발을 하려는 여성이 전 남편의 오만함에 분노가 치밀었습니다.

"저 사람이 자기반성을 할까요? 끝까지 자존심을 안 건드리고 좋게 해결하고 싶었는데 그이의 언행을 보면 분노가 끓어오릅니다. 깨우쳐 줘야 하지 않을까요?"

천만의 말씀입니다. 스스로 깨닫지 못하면 누가 말해 준다고 깨닫지 않습니다. 그도 자존심이 있어 당장은 잘못을 시인하지 않지만, 양심이 있어 시간이 지나면 자신의 잘못을 깨닫습니다. 상대의 몫을 내가 해 주려 하면 상황은 더 나빠집니다. 때가 되면, 그도 당신처럼 후회와 성장의 길을 걷습니다.

파렴치해 절대 반성하지 못할 사람은 없습니다. 사이코패스는 죄책감이 없어 반성을 못하기에 흉악한 범죄를 연속으로 저지릅니다. 그러나 사이코패스도 외부와 단절된 폐쇄된 환경에서는 후회와 성장의 길을 걷습니다. 내가 실수를 저질러 아파한다면, 그 실수 때문에 아파하는 누군가도 있습니다. 실수는 개인이, 그리고 공동체가 함께 성장하는 길입니다.

환멸은 미꾸라지도
용으로 만듭니다

창조 에너지, 환멸

◎ **추우니까 겨울!**

영하 10도를 오르내리는 어느 추운 겨울 저녁시간이었습니다. 마지막 내담자와 우연히 엘리베이터를 함께 타고 내려가게 되었습니다. 그는 미간을 약간 찡그리며 말했습니다.

"선생님, 빨리 겨울이 가야 되는데요."

나는 말했습니다.

"그 말을 겨울이 들으면 섭섭하죠. 추울 때까지 춥고 가라고 해요."

우린 서로를 바라보며 웃었습니다. 내담자에게는 인생의 겨울과 마주한 그의 아픔이 이해받는 느낌을 주었을 것이고, 치료자 역시 인생에는 겨울도 있음을 그와 암묵적으로 교환한 짧은 대화였습니다. 이것을 예기치 않은 웃음 치료라고 합니다.

겨울이 빨리 가기를 고대한다고 빨리 가는 것은 아닙니다. 역시 봄이 빨리 오기를 고대한다고 빨리 오는 것도 아닙니다. 인생도 계절도 추울 때는 다 춥고 난 뒤에야 봄이 옵니다.

아픔을 서둘러 제거하려 한다면 뜸 들이다 만 밥이 되고 맙니다. 아픔이 오면 환멸도 옵니다. 환멸은 내가 세상을 살 용기가 있는지, 세상이 날 받아 줄 좁은 가슴이라도 있는지 두려워하는 것입니다. 이슬비에 도포 젖듯 아픔이 반복되면 환멸에 젖어 생을 저주합니다.

우리는 둘 중 하나를 결정할 수 있습니다. 아픔을 피해 뜸 들이다 만 밥처럼 미숙한 인생을 선택하면, 눈앞의 위로가 훗날의 영광을 가로막아 버립니다. 아픔이 환멸이 되는 때까지 내려가면 뜸 잘 들인 밥이 됩니다. 훗날의 영광을 위해 눈앞의 위로에 눈감은 덕분입니다.

우주는 수억 겁의 진화 과정을 거쳐 성숙의 한 점을 향해 갑니다. 거대 우주의 소우주인 인간도 성숙의 한 점을 향해 갑니다. 그 여정에서 아픔은 겸손으로의 초대이고, 아픔이 더욱 깊어진 환멸은 일체의 것에 허무를 느껴 신성을 경험하게 하는 변화의 포인트입니다.

◎ 어느 '직장 왕따녀'의 사연

조금만 힘들면 직장을 그만둬 대학 졸업 후 세 번째 직장을 가지게 된 내담자에게서 문자가 왔습니다. '선생님, 통화 좀 해도 될까요?' 상담실 이외 장소에서 내담자가 통화를 원하는 것은 매우 드문 일입니다. 오죽했으면 그랬을까? 수화기에서는 내담자가 흐느끼는 울음소리가 들려왔습니다.

"선생님 직장 모든 분들이 저를 따돌리는 것 같아요. 그만둬야 할 것 같아요."

"새 직장에서 몇 개월째라고 했지요?"

"3개월요."

"사람마다 적응 기간이 조금씩 달라요. 조금만 더 참고 기다려 보세요."

"기다리면 될까요? 하루 종일 가슴이 터질 것 같은 느낌이에요. 모두가 저를 이상하게 바라보는 것 같아요. 윗분들은 저를 잘못 채용했다고 그러는 것 같아요."

"직장을 그만두고 안 두고는 2차적 문제로 남겨 두세요. 내면의 괴로움은 해결하고 싶다고 해결되는 게 아닙니다. 괴로움은 괴로움대로 두고 그대로 받으세요. 지금은 순간을 견디는 전략이 필요합니다. 그만둘 때 그만두더라도 피할 수 없는 내 인생의 어두움과 만났다고 생각하고 쓰러지지만 마세요. 방법은 가능한 한 모든 생각과 감정 등을 단순화하는 겁니다."

그녀는 훤칠한 키와 준수한 외모로 대학 시절 줄곧 퀸카로 군림한 추억을 가지고 있었습니다. 가만있어도 봄의 여왕이었던 그녀에게 친구들이 하인이 되어 모여들었습니다. 스스로 투쟁해서 된 여왕이 아닌, 하인들이 만들어 준 여왕이었습니다. 그러나 사회는 그녀의 힘없이 구겨질 왕관을 보는 것이 아니라 여왕으로서의 능력을 봅니다.

그녀는 직장의 퀸카가 아니라 말단 신입사원입니다. 거대 조직 사회의 하인이 된 것입니다. 누군가 먼저 내게 와 주기 전에 내가 먼저 조직 관계 안으로 들어가는 수고를 해야 합니다. 이런 신분의 하락은 그녀에게 아픔이었고, 3개월 동안의 아픈 이슬비에 그만 환멸로 떨어지고 말았습니다. 내가 직장생활 하나 적응 못하다니! 사람들은 왜 나를 외면하고 있지! 관계가 안 되니 적응도 안 됩니다. 적응에 무슨 테크닉이 있는 것은 아니고, 적응은 관계 맺는 기술의 부수입으로 얻어집니다.

그녀는 이 불경기에 힘들게 얻은 좋은 직장을 퇴직하고 혼자할 수 있는 프리랜서 일을 하고 싶다고 했습니다. 그것은 당장의 환멸을 회피하고 혼자만의 동굴에 들어가 나 홀로 여왕이 되고 싶은 유아적 욕망에 불과합니다. 아프기로 작정하고, 어차피 받을 환멸을 다 받을 각오를 하면 어디선지 강한 힘이 용솟음칩니다.

환멸의 늪에서 빠져나온 사람은 정반대의 목표를 정합니다. 개천에 서식하는 미꾸라지가 더 이상 성장할 수 없는 환멸에 빠지고 나서는 용이 되어 하늘을 나는 꿈을 꿉니다. 멀쩡한 개천에서는 절대 용이 나지 않습니다. 미꾸라지 한 마리라도 키워야 하고, 미꾸라지는 환멸을 해야 합니다. 개천의 진흙에는 각종 유익한 균이 번식하고 있습니다. 그 균을 잘 이용해 용이 되는 것입니다.

◎ 환멸은 창조의 원천

그다음 주, 엘리베이터에서 만난 내담자는 얼굴에 화색을 띠며 말했습니다.

"선생님 저 목표가 생겼어요. 저의 전문 영역인 미술심리치료와 IT를 융합해 ADHD(주의력결핍과잉행동장애) 아동을 치료하는 스마트폰 앱을 만드는 겁니다. 요즘 어른, 아이 할 것 없이 모두들 스마트폰을 붙들고 있잖아요. 장애 어린이는 더 심할 것이고 그들의 놀이를 치료 놀이로 바꾸어 주는 것입니다."

상용화만 된다면 어린이들에게 희소식이 아닐 수 없습니다. 아이디어를 제공하고 제작한 그녀의 자존감도 한층 올라갈 것이고, 그녀가 동굴에서 세상으로 나오는 절호의 기회이기도 합니다. 그러나 IT계통에 문외한인 그녀가 상용화 작업까지 가는 것은 쉬운 일이 아닙니다. 그녀는 직장에서 휴가를 내면서까지 협력 업체를 찾아 이리저리 열심히 뛰어다녔으나 번번이 거절당했고, 그러자 사람 만나기가 두려워졌습니다. "선생님, 이거 현실도피용 이상이 아닐까요?"라며 빠져나오려던 환멸로 다시 돌아가려 했습니다. 다소 이상주의인 그녀에게 '도피' 측면이 없는 것은 아닙니다. 반면 그녀가 현실주의자라면 그런 아이디어조차 내지 못했을 겁니다. 저는 말했습니다.

"예, 모든 창조는 현실도피와 이상이 만들어 낸 결과입니다."

인류는 현실도피로 이상을 그리고, 그 이상이 땅으로 내려온 것이 문명입니다. 새처럼 하늘을 날지 못하는 불만이 하늘을 나는 비행기를 창조하는 것을 넘어 우주여행도 가능하게 했습니다. 이상이 현실을 만나려면 반드시 거쳐야 할 것이 있습니다. 바로 환멸입니다. 라이트 형제는 하늘을 나는 비행기를 개발하려 얼마나 많이 땅으로 떨어지는 환멸을 겪었겠습니까? 환멸을 거치지 않은 창조는 단 하나도 없습니다. 하나의 작은 기계 부품이 나오기까지도 많은 시행착오를 거쳐야만 합니다. 저는 그녀에게 말했습니다.

"환상은 환멸을 거쳐 창조됩니다."

포기하려던 그녀는 눈을 더 크게 뜨고 제 말을 받았습니다.

"환멸이오?"

그녀가 꿈을 이루는 데 방해가 된다던 바로 그 환멸, 이상은 그 환멸과 융합해 결실을 맺는다는 깨달음이 그녀의 총기를 더욱 밝게 했습니다. 저는 그녀의 얼굴에서 굳은 의지를 읽었습니다.

그로부터 6개월 후에 그녀는 감사 인사를 하고 싶다며 저를 찾아왔습니다. 많은 어려움과 시행착오가 있었지만 그녀의 아이디어는 한 IT업계에서 받아들여졌고, 정부에서는 업계의 창의적인 개발을 인정해 수억 원의 개발 지원금을 보조해 주었다고 합니다. 그녀는 앱 제작자로 남아 이후 그 분야에서 길을 넓혀 갈 기회를 얻었습니다. 또한 그 공적으로 명문대학 박사과정에 합격할 수 있었습니다. 머릿속의 생각만 따라가는 고립에서 세상의 밝은 빛으로 나왔습니다.

이상은 환멸이란 구정물에 몸을 풀어야 창조가 됩니다. 당신의 잠재력은 환멸을 거쳐 밝은 세상으로 나옵니다.

5장 **변화**
 ― 지금 당장 시작하는 관계 연습

소중한 것은
익숙한 곳에 있습니다

해 아래 새로운 것 찾지 않기

◎ 천국은 없다

너무 빨리 인생무상을 알아 버려 고등학교 때부터 하루하루를 공허하게 보냈다는 사람이 있었습니다. 방과 후, 그는 학교 근처의 공원 벤치에 앉아 사색하는 것이 유일한 취미였습니다. 그때 한 여학생이 다가와 전도지를 건네주었습니다. 무심히 손에 쥔 전도지에는 다음과 같은 구절이 있었습니다.

"이미 있던 것이 후에 다시 있겠고 이미 한 일을 후에 다시 할지라. 해 아래에는 새것이 없나니."(전도서 1:9)

그는 성경에도 이렇게 인생을 염세적으로 설명한 구절이 있다는 데 놀랐습니다. 그런데 그 허전한 구절이 오히려 공허한 마음을 위로했다고 합니다.

해 아래 새것이 없다면 해 너머에는 새것이 있겠지, 그는 이런 단순한 생각을 했습니다. 새것이 없는 해 아래에 묻혀 사느니 새 것이 있는 해 너머를 바라보고 사는 것이 인간의 도리인가 보다, 하고 신앙에 푹 빠졌습니다.

때를 같이해 미국의 P박사라는 분이 천국 체험에 대한 책을 썼고, 그것은 한국어로 번역되어 기독교인들에게 베스트셀러가 되었습니다. 책에 따르면 천국은 이 세상의 연장선상이었습니다. 거기에는 등급별 화려한 맨션 주택이 있어 땅에서의 충성도에 따라 각자의 집이 주어진다는 것입니다.

지금 생각하면 유치하기 이를 데 없습니다. 하지만 당시 그 책이 기독교인들의 신앙 강화에 매우 큰 공헌을 했다는 점은 그때 사람들의 영적 관심이 무엇이었는지를 말해 주고 있었습니다. 아무튼 그 책으로 알 수 없는 해 너머를 조금 많이 훔쳐본 것이 되어 그는 신앙에 더 깊이 빠져들었습니다.

그런데 사람의 마음은 묘합니다. 몰랐던 해 너머의 것을 알게 됐다고 생각하자 마음이 허탈해졌다고 합니다. 우리는 묵시가 폭로되기를 원하지만, 막상 폭로되면 묵시가 사라진 맨땅에 서 있어야 할 공허한 인간의 실존과 마주합니다.

후에 P박사의 책은 거짓으로 판명되었다고 합니다. 그때 깨달은 것은 해 너머는 마땅히 모르는 것이어야 옳다는 것입니다. 하나님은 그것의 비밀을 인간에게 알리지 않았습니다. 성경 〈요한 계시록〉에 다 알려져 있다고 주장하는 분들이 계시지만 그것은 신학을 잘 모르고 하는 말입니다. 성경의 계시록은 묵시문학의 일종으로 박해적인 상황에서 기독교 신앙을 지키려고 은유를 사용한 것이지, 그것을 문자 그대로 믿어 버리면 문자에 얽매인 기괴한 신앙이 되고 맙니다.

◎ **이상과 현실, 그 통합의 미덕**

하나님은 해 너머를 모르는 것으로 해 두셨다, 이것은 큰 깨달음입니다. 철학자들은 보이는 것에는 보이지 않는 것이 그림자처럼 존재한다는 존재의 유비를 믿습니다. 만일 당신이 태양을 올려다본다면, 몇 분을 견디지 못하고 눈을 아래로 돌립니다. 왜 그럴까요? 눈부심이란 과학적 설명이 가능하겠지만, 철학적 관점에서는 해 너머를 보지 말라고 주의를 주고 있는 것입니다. 거기는 하나님만이 아시는 비밀의 성소이고 인간이 알아야 유익하지도 않습니다. 그래도 올려다보고 비밀을 캐고 싶지만, 캐지지도 않고 그렇다고 한들 인간에게 유익하지도 않습니다. 알 수 없는 그곳임을 인정하면 됩니다. 모르는 곳이 있어야 인간은 겸손해지고 오히려 삶에 활력도 생깁니다.

분석심리학을 공부하면서 이 부분에 대해 새로운 통찰이 생겼습니다. 해를 기점으로 그 아래는 새것이 없고, 그 위는 새것이 있습니다. 전자는 아무리 새로워도 헌것이지만 후자는 아무리 헌것이어도 새것입니다. 즉 해 아래와 위는 서로 대극을 이루고 있습니다. 새것과 새것이 아닌 것, 모르는 것과 아는 것은 그 자체로 인간에게 선물로 주어졌습니다. 구약에서는 하나님의 얼굴을 보면 죽는다고 했습니다. 새것, 모르는 것을 알려고 하지 말라는 신학적 메시지입니다. 그러면서 하나님을 만나라고 하고 그 능력은 인간에게 주어졌다고 합니다. 새것이 아닌 것, 이미 아는 것을 사용하라는 것입니다.

바울 서신에서 사탄과 동일시된 '공중 권세 잡은 자'의 개념도 분석심리학 관점에서 매우 새롭게 조명됩니다. 인간에게는 그가 감당할 만한 일의 분량이 정해져 있습니다. 그런데 그 분량 이상의 것을 하고 싶은 열망이 지나치면 어떤 일이 발생할까요? 자아가 집단 무의식의 자기 원형과 동일시되는 자아 팽창(ego inflation) 현상이 일어납니다.

자아 팽창은 '나는 모든 것을 할 수 있어'라는 마성 인격에 빠지는 것을 말합니다. 이거야말로 새것이 아닌 것에 있으면서 나만 새것인 것처럼, 모르는 것을 아는 것처럼 행세하고 믿어 버리는 것입니다. 자아가 팽창되어 나를 세상의 주인으로 착각하고 믿어 버리는 것은 공중의 권세를 잡은 것과 다를 바 없습니다.

우주의 많은 행성들이 일정한 거리로 질서를 유지하듯이, 인간의 정신은 어느 한쪽으로 쏠리면 큰일 납니다. 새것을 찾지 않으면서도 새것을 기대하는 것, 새것이 아닌 것에서 벗어나고 싶으면서도 그곳에 있어야 하는 것, 바로 그 위치에 있습니다. 새도 짐승도 아닌 박쥐가 되는 것이 아니라 새도 아니고 짐승도 아니기에 양쪽 모두와 관계를 맺을 수 있습니다. 모순이라기보다는 정신 에너지의 균형입니다.

새것과 새것이 아닌 것, 모르는 것과 아는 것, 내가 할 수 없는 것과 할 수 있는 것, 인간은 양자의 중간에 서 있습니다. 통합(integration)은 인간의 정신 안에 서로 다른 대극이 존재함을 인정하고 너무 한쪽으로 나가지 않는 것입니다.

해 아래 새것을 추구하지 않고 이미 있는 것들의 관계를 소중히 여기는 사람은 복이 있습니다.

특별한 것을 찾아
행복을 미루지 마세요

평범한 일상의 소중함 알기

◎ 인생은 다람쥐 쳇바퀴

내담자들이 자주 하는 말입니다.

"매일매일 다람쥐 쳇바퀴나 돌리는 것 같아 지루합니다. 어떻게 하면 새롭고 신나는 일을 만들 수 있을까요?"

"글쎄요, 인생은 다람쥐 쳇바퀴를 돌리는 건데요."

헐! 인생이 다람쥐 쳇바퀴라니! 다음은 다람쥐 쳇바퀴로 본 세대별 인생입니다.

10대 이하는 아직 쳇바퀴를 잘 돌리지 못합니다. 쳇바퀴보다는 UFO 같은 것에 더 관심이 있습니다. 스스로 쳇바퀴를 돌리는 사람으로 만들어 주기 위해 부모가 대신 걱정을 합니다.

20대는 돌릴 쳇바퀴를 찾습니다. 부모의 품속을 떠나 넓은 세상에서 스스로 돌릴 쳇바퀴를 찾아야 하기에 기대 반, 걱정 반입니다. 30대는 쳇바퀴를 잘 돌려야 미래가 보장됩니다. 누가 더 빨리 돌리는지 경쟁의 대열에 낍니다. 40대는 쳇바퀴 돌리는 일에 익숙해져 쳇바퀴와 자기를 구별하기 힘들 정도입니다. 돌리는 능력에 따라 계급장이 달라지는데 그 맛에 삽니다.

호르몬 변화가 오는 40대 중반에서 50대 초반, 인생의 사추기로 접어들면 쳇바퀴가 지루하고 허무해지기 시작합니다. 잘 돌려 오던 쳇바퀴에서 벗어나는 일탈을 꿈꿉니다. 50대 중후반에는 돌릴 쳇바퀴를 잃을 것이 염려됩니다. 작은 것 하나라도 붙들 계획을 세워 보지만 보통 사람들에게는 쉬운 일이 아닙니다. 60대는 돌릴 작은 쳇바퀴라도 하나 있으면 복입니다. 70대는 쳇바퀴를 포기하고 다시 UFO 같은 것에 관심을 가집니다. 80대는 다음 세대에게 쳇바퀴를 이양합니다.

우리에겐 같은 쳇바퀴를 돌리지 않고 시작하는 날은 하루도 없습니다. 갓난아기는 매일 먹고 배설하고, 엄마는 매일 먹이고 치우고, 아버지는 매일 출근하고 퇴근하는 것이야말로 가장 중요한 일입니다. 인생은 다람쥐 쳇바퀴와 함께 시작되었고 함께 막을 내립니다. 쳇바퀴를 직선 도로로 바꾼다면 모두가 지구 끝의 바닷속에 빠질 것입니다. 행복은 끝은 있는데 보이지 않는 직선 도로 저 끝이 아닌, 매일 돌리는 쳇바퀴에 있습니다.

딴생각 않고 매일 돌리면 걱정거리가 없습니다. 잘 돌리고 있으면서도 잘 돌까 걱정하는 것이 문제입니다. 날마다 새로운 마음으로 쳇바퀴를 돌리겠다는 생각도 버리세요. 매일 돌리는 것이 어찌 새로울 수 있으며, 새롭지 않다고 실망할 수 있겠습니까? 아침에 일어나면, '오늘도 어제와 같은 하루가 시작되는구나' 하고 즐겁게 돌릴 생각만 하면 잘 사는 겁니다. 그게 인생의 전부입니다. 우리들 머릿속의 많은 생각들은 즐겁게 돌리지 못해 만든 잡념에 불과합니다.

◎ 쳇바퀴라도 즐겁게 돌리면 그만

자기 일이 즐거운 사람은 쓸데없는 피해의식으로 괴로울 시간이 없습니다. 진로 상담이 꼭 필요하다는 학생들의 이야기를 들어보면 그들의 진로 고민은 공부하지 않는 데서 오는 것임을 쉽게 발견합니다. 열심히 공부하는 학생은 이미 진로를 선택해 가고 있습니다. 직장 생활이 즐겁지 않은 사람은 적성이 어떻고 하며 항상 이직을 생각하지만, 그들은 이직해서도 즐겁지 않아 또 다른 이직을 준비합니다.

아침에 일어나면 "자, 오늘도 새로운 날이 시작되는구나" 하지 마세요. 절대 새롭지 않고 어제와 같아 실망합니다. 이렇게 하세요. "자, 오늘도 어제와 같은 날이다. 어차피 하는 일 좀 더 즐겁게 하자." 부정적으로 들릴지 모르지만 현실적이고 실천하기도 좋습니다.

자기 분야에서 꽤 성공한 분이 있습니다. 사람들은 그가 돈을 많이 벌었다고 부러워하고 특별한 사람으로 취급하려 합니다. 그런 대우가 어색해지면 그가 어김없이 하는 말이 있습니다. "당신이나 나나 하루 세 끼 먹지 네 끼 먹나요." 매 끼니 밥 먹는 일은 새롭지 않지만 지루하지도 않습니다. 먹는 즐거움이 있기 때문입니다. 하루 세 끼 밥을 맛있게 먹으면 임금님 수라상도 부럽지 않습니다.

인생에서 아주 특별한 일은 거의 없고, 우리는 매일 평범한 일들을 하고 삽니다. 남들 눈에는 특별한 일처럼 보여도 당사자에게는 평범한 일입니다. 특별한 일이 있었으면 하는 욕망에서 그런 소설이나 영화가 만들어지지만 그것은 허구이고, 평범한 것들이 인생의 대부분을 차지합니다. 그것들은 또한 반복됩니다. 99%의 반복되는 평범한 것에서 행복을 찾아야지, 1%도 안 되는 특별한 것을 기대하며 행복을 뒤로 미루겠습니까?

위대한 사람은 위대한 것을 잘해서가 아니라, 평범한 것을 위대한 것처럼 함으로써 위대해졌습니다. 즐거운 사람은 매일 새로운 일이 있어 즐거운 것이 아니라, 같은 일을 즐겁게 하기 때문에 즐겁습니다. 당신이 숙명적으로 돌려야 하는 쳇바퀴를 탓하지 마세요. 당신의 쳇바퀴는 존재의 의미이고 정체성입니다.

관계가 막혔다면,
일단 걸어 보세요

관계를 치유하는 걸음 테라피

◎ **날기를 포기한 갈매기**

부산 해운대, 동백섬까지 해변 산책로를 걷는데 흥미로운 광경이 눈에 들어왔습니다. 여행객들이 던져 주는 새우깡을 먹으려 갈매기들이 모래사장에 벌떼처럼 몰려들었습니다. 새우깡 하나 먼저 먹기 위해 많은 갈매기들이 사력을 다해 경쟁합니다. 갈매기들의 시선은 관광객의 손가락에 잡힌 새우깡에 집중되어 있습니다. 유람선에서 승객이 던져 주는 새우깡을 먹기 위해 갈매기가 모여드는 것은 보았어도, 아예 해변에 죽치고 새우깡을 기다리는 갈매기 떼는 처음 보았습니다. 나는 갈매기에게 물었습니다.

"너희들 갈매기 조나단을 아니? 그분은 가장 높이 나는 새가 가장 멀리 본다고 했어."

갈매기 떼는 끼룩끼룩 저를 조롱합니다.

"그것은 조나단 형님 이야기거든요. 우린 우리의 이야기가 있거든요."

"너희들 이야기는?"

"가장 낮게 나는 새가 가장 빨리 새우깡을 먹는다, 이거거든요."

그렇습니다. 갈매기는 관광객과 안전한 거리를 두면서도 가장 가까이 접근할 수 있어야 새우깡을 먹습니다. 군이 칼로리를 소비하며 높게 비상하고, 위험을 무릅쓰고 고속으로 하강 비행할 필요가 없습니다. 갈매기의 날개가 긴 것은 하늘 높이 비상하고 빠르게 하강하란 뜻입니다. 높이 날아야 신선한 먹이를 찾고, 고속으로 하강해야 먹이를 놓치지 않습니다. 날기를 포기한 갈매기는 머지않아 날개가 퇴화되어 관광객이 던져 주는 새우깡이나 쪼고 있을지 모릅니다. 해변을 뒤뚱거리는 오리가 되고 말 것입니다.

◎ **걷기를 포기한 사람들**

조물주의 뜻은 피조물에 새겨져 있습니다. 하늘의 뜻을 알려고 하늘로 올라갈 필요가 없고, 굳이 하늘에 매달릴 필요도 없습니다. 사람이 알아야 할 하늘의 것은 땅에 다 새겨져 있습니다. 하늘의 뜻은 바로 우리들 발밑에 있습니다. 발밑에 있어 안 보여서일까, 현대인은 건강과 다이어트를 위해 고가의 건강식품과 약물을 사용합니다. 체중 관리를 위해 헬스 트레이너까지 붙입니다. 그런데 다이어트 욕구를 채워 주는 업종은 성업 중이지만, 정작 살 빼는 일은 여간 어려운 게 아닙니다.

하늘이 땅에 보여 준 비결은 간단합니다. 인간의 신체 부위로 그 비결을 보여 주고 있습니다. 신체 부위에서 가장 많은 근육이 모인 곳은 허벅지입니다. 왜 그럴까요? 어렵게 생각할 필요 없습니다. 너무 간단합니다. 갈매기에게 긴 날개를 주어 하늘로 급비상하고 땅으로 급하강하라는 것처럼, 많이 걸으라고 허벅지에 근육을 모아 주었습니다. 걷는 것 이상의 건강과 다이어트 비결이 없는데, 자동차에 중독된 현대인은 걷기 싫으니 비만과 각종 성인병에 걸립니다.

걷기는 싫고, 걷기를 대신할 것을 찾으니 안 들여도 되는 곳에 돈이 들어갑니다. 걷지 않는 사람은 칼로리를 생각하느라 맛있는 것도 제대로 먹지 못해 스트레스를 받습니다. 많이 걷는 사람은 칼로리 콤플렉스가 없어 편하게 먹습니다. 허벅지 근육이 전체 건강을 좌우한다는 것은 의학적으로 밝혀진 사실입니다. 하늘은 인간에게 날개는 주지 않고 다리를 주셨습니다. 많이 걸으면 기분 좋게 하는 생화학물질도 분비됩니다. 혼자 걸으면 내적 치유가 일어나고, 함께 걸으면 새로운 만남이 시작됩니다.

◎ 관계를 치유하는 걷기의 힘

제주도 올레길은 치유의 길입니다. 금이 간 부부가 함께 걸으면 다시 부부애가 생깁니다. 서먹한 사람들도 함께 걸으면 친해집니다. 업무와 상하 관계에 마음이 멍든 직장인들도 부서별로 올레길을 걸으면 자연 화합됩니다. 깊은 고민에 빠졌거나 위기에 있는 사람은 혼자 걸으세요. 걸음이 주는 것은 기대 이상입니다. 걸어 본 사람은 압니다.

목회에 어려움이 찾아온 목사님이 계셨습니다. 목회의 어려움은 거의 성도들과의 관계에서 옵니다. 그럴수록 목사님은 교인들을 더 열심히 심방하며 이해시키며 관계를 회복하려 애를 씁니다. 회복이 되면 한시름 놓지만, 꼬이기 시작하면 어디서 풀어야 할지 보이지 않습니다. 마음고생은 모든 목회자가 하게 되어 있습니다. 그 목사님은 해결책으로 무조건 교회를 떠나기로 했습니다. 교회 안의 문제는 교회 안에서 해결의 실마리를 찾아야 하는데, 그 목사님은 40일간 산티아고 순례길에 올랐습니다. 40일간이나 교회를 비우다니, 목회 경험이 많은 목회자는 잘못된 선택이라고 할지 모릅니다.

그 목사님이라고 생각이 없었겠습니까? 지금 꼬인 문제를 해결하기 위해서는 목회자의 영적 갱신이 우선이라고 판단했고, 그러기 위해서 20년 지킨 교회를 40일이나 떠나기로 한 것입니다. 하루 20*km*를 걸었습니다. 걸으면서 많이 생각했고, 느꼈고, 깨달았고, 결심했고, 건강해졌고, 치유되었습니다. 그냥 걸은 것뿐인데, 본인이 단순해지니 복잡한 문제들이 정리되었습니다.

"사람은 본래 걷게 되어 있어."

순례를 마치고 깨달았습니다.

겁이 많은 여대생이 일생일대 큰마음을 먹고 홀로 산티아고 순례길에 올랐습니다. 부모는 물론 평소 그녀를 잘 알고 있던 사람들은 걱정했습니다.

"여자 혼자 낯선 곳에서 두 달 여행을? 더구나 저렇게 약한 애가!"

다 기우였습니다. 약해서 못 걸을 것을 걱정할 것이 아니라, 걸으면서 강해질 것을 기대해야 했습니다.

마이카 시대가 되어 다리가 편해졌습니다. 하늘은 많이 걸어 피곤하라고 인간의 다리에 가장 많은 근육을 붙여 주었는데, 편해진 것이 각종 암과 성인병의 적신호로 돌아왔습니다. 시내버스를 타 보면 정거정과 정거장이 너무 가깝게 붙어 있는 것을 알게 됩니다. 걷기 싫어하는 사람들의 요구에 맞추었습니다.

인간은 '걸음요법'으로 자가 치유가 되고, 함께 걸으면서 평범한 관계가 의미 있는 관계로 변합니다. 연인끼리 덕수궁 돌담길을 걷고, 해변을 걷고, 가을 오솔길을 걷고, 눈길을 걷지 않습니까? 걸으면서 대상과 새롭게 만나고 추억이 생깁니다. 걸음이 우리를 살립니다. 오늘 걸을 일을 절대 내일로 미루지 마세요. 하다못해 러닝머신 위라도 걸으세요. 달라진 무엇을 발견합니다.

늘 하던 일도 다시 보고
다시 느끼세요

평범한 일상을 특별하게 만들기

◎ 인생은 골키퍼 훈련 같은 것

어린 시절, 작은 뒷동산을 넘으면 한양 대학교가 있었습니다. 우리는 그곳 축구장에 놀라가곤 했습니다. 대학 축구선수들이 연습을 하거나 게임을 하는 것을 관중석 한쪽에서 공짜로 지켜볼 수 있는 특혜가 있었습니다. 당시 이름 석 자만 대면 누구나 알 수 있는 선수들이 있었고, 그분들을 먼 곳에서 지켜보는 것은 행운이었습니다.

당시 대학은 증축이 한창이어서 여기저기 건축 자재가 놓여 있었습니다. 축구장의 다른 모습들은 다 잊어버렸는데, 아직도 눈에 선한 것은 골키퍼 연습 장면입니다. 코치가 좌우상하 마구

잡이로 공을 던져 주면 골키퍼는 좌우 슬라이딩과 점프를 하며 그 공을 막아 내는 것입니다. 절반 이상의 공은 골대 안으로 들어갔고, 그럴 때마다 코치의 목소리는 커졌습니다. 우린 벤치에 앉아 땀을 뻘뻘 흘리며 연신 좌우로 쓰러지는 골키퍼를 측은한 눈빛으로 바라보았습니다. 그 광경을 볼 때마다 중얼거렸습니다. "또야, 맨날 저거나 해!" 골키퍼는 연습장에서나 경기장에서나 공을 잡기 위해 쓰러져야 합니다. 그가 골키퍼로 있는 한 그 지루하고 반복적인 행동은 계속될 것입니다.

인생도 살다 보면 매일 하는 일이 다 반복적이어서 지루해집니다. 내가 이걸 언제까지 해야 하나, 라고 생각하면 하고 싶은 것이 아니라 해내는 일이 되어 버립니다. 아무리 존경받고, 고액 연봉을 받는다고 해도 하는 일은 늘 반복적입니다. 남들의 평가와는 달리 그런 자신을 초라하고 무능하게 느낀 경험은 누구나 있습니다. 주위를 다 둘러보아도 날마다 같은 일을 하는 사람은 나뿐이 아니라 모두입니다.

이 지루한 반복적인 일을 새롭게 만드는 방법은 없을까요?

첫째, 새로운 것을 기대하지 마세요. 새로운 것을 기대하면 새롭지 않은 것은 더 싫증이 나는 일이 됩니다. 젊은 시절에는 본인의 의사와는 상관없이 새로운 것이 계속 전개됩니다. 집에서 유치원으로, 유치원에서 초등학교로, 초등학교에서 중학교로, 중학교에서 고등학교로, 고등학교에서 대학교로, 대학교에서 직장으로, 직장에서 결혼으로, 결혼에서 자녀양육으로, 새로운 것들은 매우 빠른 속도로 앞에 나타납니다. 그러고 나면 어느새 사회의 기둥이 되고, 자녀들은 제 갈 길로 나갑니다.

이후에는 새로울 게 별로 없고 각자의 자리에서 내려올 준비를 해야 합니다. 회갑이 넘은 가수 조용필씨가 신곡 〈바운스〉를 발표해 중·노년의 심장을 뛰게 했습니다. 중·노년의 가슴에 잠깐 불을 댕긴 것으로 만족합니다. 중년 이후에는 심장이 바운스할 수 없고, 그래서도 안 됩니다. 그 에너지를 어떻게 하려고요? 외적으로 새로운 일이 없는데 심장만 바운스하면 위험합니다. 먼저, 외적으로 새로운 일이 없음을 받아들이는 일이 중요합니다.

◎ **새로운 의미 부여하기**

둘째, 외적 새로운 일이 없어질 즈음에는 내적 새로운 일을 찾아야 합니다. 그것은 내가 매일 하고 있는 같은 일에 의미를 부여하는 것입니다. 다시 말해 이전에 외면화하던 것들을 내면화하는 작업입니다. 가령 사람 만나는 일을 인맥 구축으로 삼는다면 외면화이고, 그 만남이 각자의 긴 인생에 주는 의미를 발견했다면 내면화입니다.

대변을 보는 일이 매우 고통스럽던 분이 대장암 진단을 받고 수술을 성공적으로 마쳤습니다. 수술 이전, 그분에게 아침 대변 행사는 빠르게 해치우는 일이었습니다. 수술 이후, 대변 행사는 긴장하지 않고 천천히 음미하는 일이 되었습니다. 프로이트의 항문기 개념을 몰라도, 대변 행사는 잡다한 일상을 뒤로하고 자기를 들여다보는 편안한 시간이 되었다고 합니다. 아울러 절에서 화장실을 왜 해우소라 하는지 이제야 알 수 있을 것 같다고 했습니다. 그에게 배변은 찌꺼기 방출의 외면화가 아니라, 심신의 쉼을 얻는 내면화가 되었습니다.

대장장이는 붉게 달구어진 쇠를 망치로 내리치는 지루한 일을 하루 종일 반복합니다. 어느 날, 같은 일을 반복하던 중 대장장이의 눈에 새로운 것이 들어왔습니다. 20여 년 동안 그 일을 하면서도 못 보던 것을 보았습니다. 못 보았다기보다도 별 의미 없이 보아 오던 것이 새로운 의미로 다가왔습니다. 대장장이의 말입니다.

"형체가 없던 쇳덩이가 서서히 연장의 모습으로 변해 가는 것을 보며 인생을 관조하게 되었습니다."

쇳덩이가 연장이 되는 것은 외면화이고, 외면화된 것에서 인생을 관조하는 깨달음을 얻은 것은 내면화입니다. 그 후부터 그의 망치질은 돈벌이를 넘어 소명이 되었다고 합니다. 의미를 발견하면 새롭지 않은 것도 새로워집니다.

◎ 행동이 변화를 만든다

셋째, 구태를 버리면 새로운 마음은 저절로 생깁니다. '이제부터 새로운 마음을 가져야지' 하고 다짐한다고 새로운 마음이 생기는 게 아닙니다. 모두가 선망하는 일류 대학에 입학했으나 3번의 학사 경고와 재입학을 반복하고, 이제부터는 새로운 마음으로 학업에 임하겠다고 작심하지만 그 결심은 3일을 넘기지 못해 마음먹기만 반복하는 학생이 있었습니다. 학생은 마음만 새롭게 먹었지 구태에는 변화가 없었습니다. 담는 그릇이 담기는 내용을 결정합니다.

새벽에 자고 정오가 되어서야 일어나는 구태에 어떻게 새로운 마음을 담을 수 있단 말입니까? 학생은 일찍 자고 일찍 일어나는 습관부터 들여야 합니다. 학교 도서관에 앉아 있는 습관을 들여야 합니다. 그런 그릇이어야 공부하려는 마음도 생깁니다. 대입 기숙 재수학원이 있습니다. 기숙생들의 이야기를 들어보니 규율이 군대보다 더하다고 합니다. 구태를 버리지 못하는 사람의 구태를 벗겨 새로운 마음으로 공부시키는 스파르타 교육법입니다.

한 부인에게 주부우울증이 왔습니다. 그녀가 우울감을 달래는 방법은 집안일을 더 열심히 하는 겁니다. 집 안 구석구석을 들춰내 닦고 정리했습니다. 아파트는 반짝반짝 윤기가 났고, 그녀는 힘이 생기는 것 같았습니다. 그것도 잠시뿐, 그녀의 우울증은 또 불청객이 되어 찾아옵니다. 그녀는 우울증의 원인을 곰곰이 생각해 보았습니다. 자기는 돌보지 않고, 집안일에만 전념하는 삶의 방식이 문제였습니다. 주부의 집안일은 매우 중요하지만 표가 안 나는 지루하고 반복적인 일입니다. 거기에만 전념하는 구태는 우울증을 초청합니다. 이제 집안일은 대충 간단히 하고 동네 도서관에라도 나가 자신을 가꾸는 일을 해야 합니다.

마음은 저절로 새로워지지 않습니다. 새로워지려는 부단한 노력으로 새로워지고, 새로운 마음에 새로운 습관도 생깁니다.

그저 지금의
당신이면 됩니다

나 그대로 존재하기

◎ 더 빠른 길만 찾는 사람들

오래전, 만화로 그린 우화를 인상 깊게 본 적이 있습니다.

아동기: 많은 상장을 받고 모범 어린이가 되어 부모와 선생님께 기쁨이 되어 드렸습니다.

사춘기: 많은 친구를 사귀고 좋은 대학에 진학했습니다.

청년기: 고액 연봉을 받는 기업에 취직했고, 멋진 이성과 결혼했습니다.

장년기: 내 집과 차를 장만했습니다.

중년기: 더 넓은 집과 더 큰 차를 가졌습니다.

노년기: 가진 것과는 대조적으로 외로웠습니다.

사후: 결국 땅 한 평을 차지했습니다.

땅 한 평의 묘지면 족할 것을 '지금은 아직'이라며 분주히 뛰어다녔습니다. '지금은 아직'이었기에 그는 열심히 달리기만 했을 뿐 즐겁지 않았습니다. '인생은 성취다'라며 직선길만 달리는 현대인을 비꼰 우화입니다.

심리학은 본래 신경증 치료에 관심을 가져 인간의 고통을 덜어 주려는 소극적인 목적으로 탄생한 분야입니다. 그런데 세월이 흘러 심리학에 대한 새로운 요청이 생겨났습니다. 어떻게 하면 직선길을 남보다 빨리 달려 승리의 깃발을 꽂을 수 있을지에 대해 보다 적극적인 해답을 제시해야 했습니다. 상담실을 찾는 내담자는 상담 중 자주 "그럼 어떻게 해야 하나요?"라고 질문합니다.

스스로 찾아야 내 것이 됨에도 불구하고, 전문가의 도움으로 기법을 배워 빨리 가겠다는 것입니다. 정말로 그런 방법이 있다면 책 한 권 읽는 것으로도 찾을 수 있을 것입니다. 그것이 안 되기에 전문가를 찾아왔으면서도 그런 사고방식을 버리지 못하는 겁니다. 청소년 상담을 의뢰한 어머니는 상담사에게 '우리 아이 공부 잘하는 방법'을 요구해 곤란하게 하는 경우가 많습니다. 달리는 직선길에 경쟁자가 많으면 많을수록, 심리학의 도움을 받으려는 사람이 많고, 수요가 있는 곳에 공급도 생깁니다.

◎ 직선형 인생과 타원형 인생

상담 훈련을 받는 분들과 대화를 나누다 보면, '심리학은 곧 성장의 도구, 상담사는 성장의 촉진자'라는 등식을 가진 듯합니다. 성장하자는 데 누구도 반박할 사람은 없습니다.

성장은 이전의 것은 버리고 새로운 것을 쟁취해야 한다는 묵언의 합의를 전제합니다. 성장은 우리 모두 직선으로 달리는 초고속 열차를 타자고 압력을 넣습니다. 고속철도는 최단시간에 이전 지점을 벗어나 새로운 지점에 도달하는 운송수단입니다. 빠르게 이동하고 업무를 처리해야 하는 현대인의 성장 욕구를 잘 반영한 문명입니다. 완행열차나 타고 다녀 직선길에 뒤처진 사람은 실패자라 합니다.

직선으로 달리기만 하는 열차는 탈선해야 제 궤도에 진입합니다. 우주는 직선이 아니라 타원이기 때문입니다. 원은 보기는 좋아도 조금만 삐뚤어져도 전체 균형이 깨져 안전한 것이 못됩니다. 타원은 모나거나 삐뚤어진 것까지 전체로 흡수해 안전합니다. 태양계도 태양을 중심으로 타원을 형성하고 있습니다.

타원은 처음과 끝이 없을 뿐만 아니라, 융통성을 가지고 있어 긴장과 불안을 흡수합니다. 구성 요소 간에 힘이 고루지 않아도 질서를 만들어 냅니다. 직선의 역사는 알파와 오메가가 따로 있지만, 타원의 역사는 서 있는 그 자리가 알파요 오메가입니다.

직선의 역사에서 지금은 이전의 결과이고 이후의 원인입니다. 타원의 역사에서는 지금이 원인도 되고 결과도 됩니다.

직선의 역사는 오메가를 향해 더 진화해야 하고, 타원의 역사는 그 지점이 출발이고 완성입니다. 직선은 저 먼 곳까지 가야만 별이 있기에 인간은 절대 별이 될 수 없습니다. 타원은 서 있는 그곳에서 바로 누구나 별이 될 수 있습니다. 직선은 이대로 자족하지 말고 앞으로 더 가야 한다고 압력을 넣습니다. 타원은 자족을 가르치고 어른으로 살라고 합니다.

◎ **나 그대로 존재하기**

학생들의 과도한 희생을 요구하는 선교회에 헌신적으로 참여해 온 대학생이 우울증으로 저를 찾아왔습니다.

"좀 더 헌신하고 섬겨야 하는데 저는 부족한 죄인입니다."

한창 공부해야 할 그가 일주일에 12시간이나 그 선교회에 헌신했습니다. 그러고도 계속 강요하는 선교회의 헌신에 나가떨어진 겁니다. 도대체 어디까지 헌신해야 다하는 건가, 더 헌신하자니 힘이 부족하고 그만두자니 벌을 받을 것 같고, 그래서 우울증이 왔습니다.

심리분석 결과는 성장 욕구가 만들어 낸 우울증이었습니다. 그는 공부를 썩 잘해 좋은 대학에 진학할 수 있었으나 고3 때 다른 일에 정신이 팔려 공부를 못했고, 그의 기대에 형편없이 못 미치는 대학에 입학했습니다. 그는 학력 콤플렉스를 신앙에 전념함으로써 해소하고 싶었고, 헌신과 성장을 강조하는 모 선교회는 학생의 욕구와 맞아떨어졌습니다. 영적 성장이 학력 콤플렉스를 보상해 줄 수 있으리라 믿었던 것입니다. 그의 보상 욕구는 얼마간 채워졌고, 그는 모 선교회의 리더 역할을 했습니다.

그러나 더 헌신하고 성장하라는 요구가 계속되었고, 본인도 그러고 싶은 욕구는 있는데, 그만 제 능력의 한계에 부닥쳐 우울증이 온 것입니다. 직선으로 달리는 성장 열차는 어떤 사람도 올라탈 수 없을 정도로 빠릅니다. 올라타려다 나가떨어집니다. 학생은 학력 콤플렉스를 과잉으로 보상하려는 영적 욕구가 있음을 깨닫고 난 후에야 성장 열차에서 내려 회전목마를 탈 수 있게 되었습니다.

지금은 성장 열차에서 내려 회전목마를 타야 할 때입니다. 회전목마는 달리지 않아도 타고 있는 것만으로도 탄 사람의 존재감을 보여 줍니다. 회전목마는 원으로 돌아 선두도 꼴찌도 없습니다. 더 빨리 간다고 앞서가는 것이 아니고, 천천히 간다고 뒤로 처지지도 않습니다.

지금은 달리던 직선에서 탈선해 타원으로 진입해야 할 때입니다. 타원에 진입하는 순간 당신은 별이 되고 현존재가 됩니다. 당신 자신이 원인이고 결과이며, 과거이며 미래입니다. 타원에서는 모든 것을 뒤로 잃으나 모든 것을 앞에서 다시 만납니다. 타원으로 진입하는 순간 과거였던 것을 현재로, 미래인 것도 현재로 만납니다. 과거와 미래가 만나는 그 점, 바로 현재에 충만한 당신을 보게 될 것입니다.

피카소는 "나는 진화하지 않는다. 그저 나로 존재한다"라고 말했습니다.

죽음과
더 친해지세요

죽음 앞에 삶

◎ 삶이 불안한 이유

2천 년 전, 스토아학파는 일보다도 일에 대한 염려가 사람을 불안하게 한다고 했습니다. 우리가 염려하는 많은 것들은 '~자체'가 아니라 '~에 관한 것'이라고 합니다. 우린 미래를 걱정하지 않고, 미래에 관한 것을 걱정합니다. 부모는 자녀 자체를 걱정하는 것이 아니라 자녀에 관한 것을 걱정합니다. 불안은 죽음 자체가 아니라 죽음에 관한 것들 때문입니다. 내가 죽으면 남은 자들에 대해, 죽음 이후에 어떻게 될지 몰라 걱정합니다. '~자체'는 인간의 걱정 너머에 있습니다.

'~에 관하여'를 본격적으로 걱정하는 시기가 사춘기입니다.

'~자체'는 몰라도 '~관하여'는 알아야 인생을 설계합니다. 독서는 '~에 관하여'를 알려 주기 때문에 이 시기에 독서는 매우 중요합니다. 이 시기에 가장 중요한 '~에 관하여'는 역시 출생과 죽음입니다. 가장 중요하기 때문에 이 의문은 혼자 다룹니다. 친구와 함께 이 의문을 다루는 것은 불안만 증폭시키기에 이 주제에 대한 논의는 무의식중에 거부합니다. '나는 누구인가'는 나 자체가 아니라 나에 관한 의문입니다.

◎ 보는 대로 보이는 죽음의 빛깔

'죽음이란 무엇인가'는 죽음 자체가 아니라 죽음에 관한 의문입니다. 우선은 가장 중요한 의문에 대한 대답부터 해 놓고 이후 선택할 것을 하겠다는 무의식적 욕망입니다. 그러나 여전히 무지의 답뿐입니다.

이때 가정을 비롯해 따뜻한 인간관계망이 없는 사람은 형이상학적 의문의 꼬리에 더 잘 빠지고, 반면 다양하고 따뜻한 인간관계망이 있는 사람은 무지의 답만 있는 의문에서 빠져나옵니다. 너무 이른 시기부터 죽음에 대한 관념적 사고를 많이 하는 사람은 유기와 분리불안 때문입니다. 유년기의 중요한 시기에 죽음과 관련한 외상이 있었을 것입니다. 제 내담자 중 한 사람은 초등학교 때 모친과의 갑작스러운 사별로, 중학교도 가기 전에 관넘의 세계에 빠져 즐거움을 모르는 꼬마 철학자로 등극했다고 합니다. 죽음은 인간의 현실도피적 경향성에 손짓합니다.

사랑하는 사람과 사별한 사람이 있습니다. 그는 죽음에 관한 사색에 잠겼습니다. 죽음으로 보는 세상은 당연히 잿빛입니다. 죽음 자체가 잿빛이어서 세상이 잿빛이란 말은 아닙니다. 그가 생각하는 죽음은 잿빛이고, 그 죽음으로 세상을 보기에 잿빛입니다. 그는 사별의 아픈 시기가 지나면 삶의 본능으로 나옵니다. 삶으로 보는 세상은 아름답습니다. 삶 자체가 아름다운 것이 아니라 그가 생각하는 삶이 아름답고, 그래서 세상이 아름다운 것입니다.

또다시 그에게는 인생의 어두운 순간이 옵니다. 그는 본능적으로 죽음에 관한 잿빛을 무의식에서 떠올릴 것이고 세상은 다시 잿빛으로 보입니다. 그리고 다시 어두움이 지나고 빛이 오면 그의 무의식은 삶의 밝은 색채를 떠올립니다. 삶과 죽음 자체는 아니더라도, 우리가 채색한 삶과 죽음은 삶의 다양한 상황마다 반복됩니다. 엄밀하게 말하면 삶과 죽음은 색깔이 없습니다. 우리가 칠해 놓았을 뿐입니다.

죽음의 책들은 자주 베스트셀러에 올라옵니다. 최근엔 미국 예일대 철학과 교수인 셸리 케이건의 죽음에 대한 철학 강의 《죽음이란 무엇인가?》가 베스트셀러에 올랐습니다. 임종 환자를 돌보는 의학자인 퀴블러 로스의 《인간의 죽음》은 이미 고전이 되었고, 상담을 공부하는 학생들에겐 스테디셀러입니다.

그러나 아무리 인기 있는 책이라도 그것은 죽음 자체가 아니라 죽음에 관한 것입니다. 간혹 어떤 사람은 자신의 임상 죽음 체험을 소개하는 경우가 있는데, 그런 체험은 사람마다 차이가 있고 살아 있는 사람이 쓴 것이기에 죽음 자체가 아닌 죽음에 관한 책에 불과합니다.

◎ 죽음에 관한 사색의 힘

그래도 삶은 아직은 살고 있기에 뭐라 말할 것이 좀 있지만, 죽음은 전혀 아닙니다. 죽음은 살 때 잘 살아야 한다는 표지판으로 우리 앞에 서 있습니다. 잘 살기 위해 죽음을 알아야 하는데 죽음은 알려고 하면 할수록 모르는 것이 됩니다. 죽음을 조금이라도 알기 위해서는 죽음에 관한 것을 사색하면 됩니다.

나는 죽음을 어떻게 이해하고 있는지, 죽음을 어떤 감정으로 대하는지, 타인의 임종을 지켜보면서 어떤 생각이 들었는지, 가족이나 지인의 장례식에서는 어떤 감정과 생각이 떠오르는지, 염과 입관 그리고 하관에서 느껴지는 것, 화장터에서 있었던 일, 성묘하러 갈 때의 특별한 감정, 그리고 죽음에 관한 책과 연극과 영화 등에서 특별히 마음에 와 닿는 글귀는 죽음에 관한 사색을 가능하게 합니다.

죽음에 관한 사색은 아주 피상적이지만 죽음 자체의 느낌도 건져올릴 가능성이 있습니다. 죽음에 관한 사색은 낯선 죽음을 덜 낯선 것으로 만듭니다. 죽음이 이전보다는 덜 낯선 것이 된다면, 당신에게는 이미 큰 변화가 온 것이나 다름없습니다. 당신은 사람들을 더 깊이 이해하고 관계를 맺을 수 있게 됩니다.

죽음에 관한 사색은 삶을 관조하게도 합니다. 죽음에 관한 사색은 살아서 죽음 문턱까지 가 본 것이나 다름없기에 훨씬 편안한 마음으로 삶을 대할 수 있습니다. 죽음에 관한 사색은 당신을 더욱 자유롭게 합니다.

삶이 곧 기적임을
믿으세요

모든 인간관계를 지탱하는 힘

◎ **기적을 파는 사람들**

"와서 보아라. 기적의 현장, 앉은뱅이가 일어나고 각종 암이 치료된다."

30년 전만 해도 길가에 붙어 있는 이런 포스터를 흔치 않게 볼 수 있었습니다. 대부분 종교, 특히 기독교 부흥회와 관련된 포스터입니다. 암 3기 판정을 받은 사람이 집회에 참석해 완치되었다는 식의 사례들이 구전을 통해 항상 들려왔습니다. 그런 집회에는 많은 사람이 몰려들어 열광했습니다. 말로만 듣던 기적이 자기에게도 일어나기를 바라는 간절함이 있었습니다. 이런 기적들은 과연 사실일까요?

그런데 요즘에는 그런 포스터를 볼 수 없습니다. 관공서의 허락 없이 벽보를 붙일 수 없는 이유도 있지만, 이제는 종교인들조차 그런 홍보성 선전을 믿으려 하지 않습니다. 그때는 기적이 일어났고 지금은 일어나지 않는다는 게 말이나 됩니까? 왜 똑같은 기적이 시대에 따라 차이가 있을까요?

그때는 병원에 갈 돈이 없어 병명이 무엇인지 알지도 못하고 병고를 치르는 사람들이 있었고, 병명이 무엇인지 알아도 마지막까지 치료를 받지 못하고 포기해야 하는 경우도 많았습니다. 가족들조차도 손을 놓아 버린 사람이 위로 받을 곳으로 신앙 집회는 딱이었습니다. 세상이 외면한 나를 하나님이 받아 주셨다는 믿음은 확실히 삶에 의욕을 줍니다.

정말 기적이 일어난 것일까, 아니면 마음의 병을 육신의 죽을 병으로 잘못 알고 있다가 마음이 치료되어 착각의 병도 치유된 것일까, 또는 병은 치료되지 않았지만 신앙으로 힘을 얻어 치유되었다는 믿음을 얻은 것일까. 신앙 치료가 사람들 사이에 깊게 퍼져 있던 즈음에 종교 집회에서 병 치료가 정말 일어난 것인지 한 방송국에서 집중 취재한 적이 있었고 결과는 매우 부정적이었습니다.

그때 읽은 한 종교 저널에서는 신앙으로 병을 치유 받은 사람들을 연구한 결과 역시 기적은 거의 없었다고 합니다. 현대 의학과 심리학으로 설명할 수 있는 범위 안에서의 치유였다는 것이

중론이었습니다. 그렇다고 기적이 아예 없다고 하는 것은 인간의 이성을 맹신하는 것이고, 일단 기적은 있다고 봐야 하지 않을까요. 다만 기적은 무슨 세일 상품처럼 가판대에서 판매되는 것은 아닙니다.

홈쇼핑에서 말 잘하는 사람이 시청자를 가쁜 상태에 빠뜨려 물건을 구입하게 하면, 충동구매한 사람은 뒤에 후회를 합니다. 이처럼 말 잘하는 어떤 사람이 연사로 나와 청중의 마음을 빼앗아 기적에 대한 기대를 만들면 청중은 그 기적이 일어난 줄로 믿습니다. 그러나 하루만 지나도 가짜임이 밝혀지지만 인간이 나약해 초월에 대한 기대를 저버리지 못해 다시 그 집회를 찾는데 이를 종교 중독이라 합니다. "좀 더 열성을 보이면 기적이 일어날 거야!"라며 충족되지 않는 열심을 냅니다. 기적이 있다면 그것은 아주 드물게 일어나며, 체험한 사람에게는 생생한 주관적 경험으로 기억됩니다.

◎ 기적은 초월 본능이다

얼마 전 TV 프로에 기적을 일으킨다는 초능력자가 출연했습니다. 그분은 다른 출연자가 방송국 가까이 있는 편의점에서 직접 구입해 온 포크를 손으로 문질러 휘게 하는 등 신비로운 초능력을 선보였습니다. 누가 보아도 마술이 아닌 초능력처럼 보였습니다.

시청자들은 그 모습을 보고 각자의 기대로 흥분했습니다. 그는 준비한 모든 것을 보여 주고 나서 초능력은 없다고 선언했습니다. 자신이 여기서 행한 모든 것들은 초능력이 아니라 마술이라고 했습니다. 그리고 미국의 한 기관에서 초능력이 존재하는지 연구를 했고, 그 결과 초능력은 없다는 결론을 내렸다고 덧붙였습니다.

여전히 초능력을 믿고 기대하는 사람에게는 다소 실망스러울 것입니다. 그러나 초능력과 같은 신비 현상에 대한 믿음은 상당히 주관적입니다. 기적이 아니라고 해도 내가 인정하고 믿으면 기적이 됩니다. 인간에겐 "초능력은 없어" 하는 과학적 믿음과, 아니야 그래도 "기적은 있어" 하는 비과학적 믿음이 공존합니다. 인간에겐 이성을 존중하면서도 그 한계를 뛰어넘으려는 본능이 존재합니다.

죽음 앞에, 그리고 거대한 자연 앞에 한없이 무력한 인간은 스스로 존재하기 위해 초능력에 대한 믿음을 만들어야 합니다. 인간은 마법사, 주술사, 영매, 기적을 행하는 성직자에 기대어 불안을 달랬습니다. 인류는 생존을 위한 오랜 경험 속에서 그런 초능력을 종교에 담아 보관하고 발달시키고 전승해 왔습니다. 그리하여 오늘날 인간은 인간적 능력과 초능력에 대한 기대를 모두 가지고 있습니다.

가령, 여기 이성을 믿는 과학자가 있다고 합시다. 그가 불치의 암에 걸렸다고 합시다. 그는 그 병에 기적을 요구하지 않을 수 있습니다. 죽음으로 우주의 한 부분으로 돌아가리라는 신념으로 담대할 수 있습니다. 그렇다고 해도 여전히 신비로 남는 것이 있습니다. 그의 출생과 삶, 그리고 죽음이 의미하는 것은 무엇인지, 과거와 현재와 미래에 태어날 사람들과 그의 관계는 무엇인지, 그가 대자연과는 어떤 관계가 있는지, 죽음 이후에는 이 모든 것들이 어떻게 재편성되는지 등이 의문으로 남습니다. 혹 그가 철저한 무신론자여서 인간의 생물학적 죽음만 인정한다고 해도 그는 본능적 감각으로 이 모든 의문들을 하나로 통합하는 초자연적인 기대를 가집니다.

◎ 모든 관계를 지탱하는 힘

정신분석은 초자연적 기대의 열망을 어떻게 설명할까요? 환상 안에서 엄마와 하나로 융합한 유아기로의 퇴행입니다. 혹은 엄마와 탯줄을 통해 생물학적으로 하나 되는 겁니다. 모체와 분리된 인간은 하나를 추구합니다. 모든 신비의 정점에는 하나가 있습니다. 땅에서의 삶은 분열에서 하나로 갑니다. 하나로 가는 여정에는 신비가 있습니다. 신비주의 정점에는 나와 당신의 한 점이 있습니다. 그것은 내면에서 일어나는 현상이고, 신체적으로는 성적 오르가슴을 통해 표현됩니다. 신비주의 종교에서 반드시 성적 은유가 나오는 것은 이 때문입니다.

고등 종교에서 신비주의의 목적은 다시 세상으로 돌아와 사랑을 실천하는 겁니다. 반면 하등 종교는 그 하나와 동일시 자체를 강요해 신도들을 현실도피적으로 만듭니다. 건강한 종교는 기적을 삶에서 찾으라 합니다. 삶을 넘어선 기적을 찾으려는 것은 종교성이 깊은 게 아니라 회피성 인격에 불과합니다.

잃어버린 모체와 하나 되려는 열망은 성인의 마음에 영원한 신비를 추구하는 것으로 남습니다. 인간이 막 세상에 태어나 스스로 아무것도 할 수 없어 불안할 때, 모성의 손길은 초능력과 같은 것입니다. 마법에 속한 것입니다. 유아는 전능한 모성의 돌봄을 받고, 성장함에 따라 모성의 전능성으로부터 빠져나와 세상의 현실성을 배우고 적응합니다.

한편, 모성의 전능성을 받아야 할 시기에 받지 못했거나 너무 많이 받았다면 성장 에너지는 그 시기에 고착됩니다. 고착이란 앞으로 나가지 못하고 과거의 한 지점에 머물러 있는 것을 말합니다. 그리고 스트레스나 위기 상황만 생기면 고착된 바로 그 지점으로 숨어 버려 기적의 환상을 꿈꿉니다. 이것을 퇴행이라 합니다.

종교 체험은 신의 어린이가 된다는 측면에서 퇴행의 관점에서 이해할 수 있습니다. 그것 자체는 이상할 것이 없습니다. 우리는 퇴행할 수밖에 없고 퇴행을 해야 사는 존재지만 거기에 머물러만 있거나 자주 빠지는 것은 문제입니다. 신앙 체험을 유아기로의 퇴행으로 본 프로이트의 관점은 어느 정도 옳습니다.

인간은 퇴행할 수밖에 없는 존재입니다. 단 하루도 퇴행하는 시간이 없으면 심리적으로 마비됩니다. 수다를 떠는 것, 영화를 보는 것, 게임을 하는 것, 찜질방에 누워 있는 것, 화장실에 오래 앉아 있는 것 등은 모두 퇴행의 즐거움입니다.

그런데 퇴행 상태에만 빠져 현실로 나오지 못하는 것이 정신병이고, 퇴행 상태에서 현실을 살려는 것이 성격장애입니다. 퇴행의 즐거움을 얻은 후, 다시 현실로 나와 일하고 사랑할 줄 알면 건강한 사람입니다. 그러나 인간의 가장 깊은 내면에는 모체와 하나 되고 싶은 퇴행에 대한 열망이 있게 마련이고, 그것은 기적에 대한 환상을 만듭니다.

그러니까 인간에게 초자연, 초능력, 기적에 대한 기대는 불가피합니다. 그런 기대는 모든 관계를 지탱하는 끈끈한 힘입니다. 제 친구 중 한 명은 선한 일을 할 때마다 이 일이 나중에 선한 것이 되어 다시 돌아온다는 믿음을 가집니다. 인간성을 역행하는 기적에 대한 기대이고, 그런 기대가 있으므로 그는 선한 사람이 됩니다. 그리고 관계하는 모든 것 가운데 희망을 볼 수 있습니다.

◎ 삶이 곧 기적이다

지인인 목사님은 위암 말기로 의사에게 3개월 시한부 판정을 받았습니다. 그러나 그분은 기적이 일어나리란 굳은 믿음을 가졌고 공적 자리에서 기적으로 치료되었다는 간증도 했습니다. 2년 후에 암세포가 다른 장기로 전이되어 세상을 떠나셨지만, 3개월이 2년이 된 것은 기적입니다. 기적에 대한 기대가 의학적 판단을 연장시켰습니다.

거대 우주가 치밀한 조화 속에 운행하는 것이야말로 기적입니다. 만일 행성 운행이 잠깐이라도 멈추거나 시간의 오차가 생긴다면 지구에 치명적이 됩니다. 바다가 육지를 덮친다든가, 이상기온으로 지구가 불바다가 되거나 설국이 되거나, 다른 행성이 지구와 충돌할 수도 있습니다. 지구가 아직도 안녕한 것은 엄청난 기적이 매일매일 일어나기 때문입니다.

인간의 인체는 소우주에 비유할 수 있습니다. 인간의 모든 심리적이고 신체적인 요소들은 기적으로 유기적 관계를 맺고 있기에 살아 있습니다. 따라서 사는 것은 곧 기적입니다. 그래서 성숙한 사람은 일상에서 기적을 발견하기에 기적으로 삽니다. 미숙한 사람은 일상이 아닌 하늘의 별에서 기적을 기대하기에 그의 삶에는 기적이 일어나지 않습니다. 기적을 기대하지 않는 사람은 다시 기대를 가져야 하고, 기대에만 빠진 사람은 기대에서 나와 거리로 나가야 합니다. 당신이 인정하든 않든 삶은 곧 기적입니다. 모든 인간은 모성의 전능성으로부터 나왔기에 그 흔적을 지울 수 없어 본능적으로 기적을 기대합니다.

삶은 기적입니다. 기적은 신비의 껍질을 벗고 평범한 삶으로 노출되기를 지금도 애타게 기다리고 있습니다. 기적과 평범함은 이렇게 동전의 양면이고 순환합니다. 양면이 조화롭게 순환하는 사람을 지혜로운 사람, 진리를 터득한 사람, 인격의 통합을 이룬 사람이라 합니다.

하루하루가 기적인 삶을 마음껏 누리시기 바랍니다.

네가 아닌, 내 마음으로부터 시작하는 관계 연습

관계는 마음이다

1판 1쇄 인쇄 2014년 11월 24일
1판 1쇄 발행 2014년 11월 28일

지은이 박성만
펴낸이 고영수
경영기획 고병욱 **기획·편집** 노종한, 허태영
외서기획 우정민 **마케팅** 유경민, 김재욱 **제작** 김기창
총무 문준기, 노재경, 송민진 **관리** 주동은, 조재언, 신현민

펴낸곳 추수밭
등록 제406-2006-00061호(2005. 11. 11)
주소 135-816 서울시 강남구 도산대로38길 11 청림출판 추수밭
　　　413-120 경기도 파주시 회동길 173 청림아트스페이스
전화 02)546-4341
팩스 02)546-8053
www.chungrim.com
cr2@chungrim.com

ISBN 979-11-5540-027-2 (03180)
값 13,000원